Das Buch zur Erfolgsserie

Der Trödel Trupp

Das Geld liegt im Keller

Das Praxisbuch zum Ausmisten – Platz machen – und auch noch Geld verdienen

FBV

RTL

Inhalt

Vorwort

Irgendwann waren wir alle mal Jäger und Sammler. Die Zeiten, in denen wir ein Mammut jagen oder uns gegen Säbelzahntiger behaupten müssen, sind natürlich längst vorbei. Doch bei einem Blick in Keller und Dachboden wird wohl jedem klar, dass in unserem Gen-Pool zumindest das Sammler-Erbgut bis heute ausgeprägt vorhanden ist. Seit jeher bunkert der Mensch aus Angst vor Mangel. Diese Überlebensstrategie funktionierte 7600 Generationen lang hervorragend. Erst seit drei, vier Generationen leben wir im anhaltenden Überfluss, und wir haben nie gelernt, damit umzugehen. Die Folge: volle Schränke! Viel zu volle Schränke! Der durchschnittliche Deutsche besitzt in etwa 10 000 Gegenstände. Dazu zählt wirklich alles, von der silbernen Taschenuhr des Ur-Großvaters bis hin zur Pfeffermühle aus Kirschholz-Imitat. In den Dingen, die wir aufheben, spiegelt sich unsere Persönlichkeit. Sie festigen unsere Identität, heißt es in der Psychologie. Vieles davon ist für uns daher unersetzlich, manches davon ist schlicht Schund, aber ein kleiner, feiner Teil gehört ganz klar in die Trödel- und Flohmarkt-Kiste. Hier kommen wir ins Spiel!

Im Duden wird »Trödel« abwertend als »wertlose Gegenstände« beschrieben. Doch der Duden mag in puncto Rechtschreibung ein echtes Genie sein, von Trödel hat er keine Ahnung. Denn nicht alles, was auf den ersten Blick als Ramsch erscheint, ist es auch. Im Sommer 2017 wurde im berühmten Londoner Auktionshaus Sotheby's ein Diamantring für 656 750 Pfund verkauft, das sind rund 750 000 Euro. Der Besitzer hatte den 26,28-Karat-Brilli per Zufall auf einem Trödelmarkt zum Spottpreis von zehn Pfund ergattert. Mode-Schmuck, stand auf dem Verkaufsschild geschrieben. Drei Ringe für den Preis von zwei. Ein gutes Geschäft.

Kein Einzelfall: Bei einer Herbstauktion von Sotheby's in Hongkong ist im Oktober 2017 sogar ein Rekorderlös von 38 Millionen Dollar erzielt worden. Über 20 Minuten wurde wie wild um die Wette geboten. Ziel der Begierde war nicht etwa der »Heilige Gral«, was bei dem Preis als gar nicht mal so unrealistisch erscheinen mag – sondern ein zartgrünes Porzellanschälchen, das einst zum Auswaschen von Pinseln diente. Der Clou hierbei ist die exklusive Herkunft. Die Schale stammt aus einem berühmten altchinesischen Brennofen namens »Ru« und ist 900 Jahre alt. Nicolas Chow, Sotheby's-Experte für chinesisches Porzellan, bestätigte die Echtheit der kostbaren Ru-Keramik. Schließlich ist es die berühmteste und gleichzeitig die am häufigsten gefälschte chinesische Keramik. Gut, wer einen Experten an der Hand hat. Wir sind gleich drei davon.

Wir, das sind Mauro Corradino, Sükrü Pehlivan und Otto Schulte von der erfolgreichen RTL II-Doku-Soap »Der Trödeltrupp – Das Geld liegt im Keller«. Seit 2009 machen wir es uns zur Aufgabe, in den Kellern Deutschlands nach verborgenen Schätzen zu suchen und – das ist der springende Punkt – diese auch zu finden. Jeder von uns besitzt die eine oder andere Rarität. Dabei muss es sich nicht einmal um Gold-Schmuck oder seltene Antiquitäten handeln, es genügt bereits ein verbleichtes Comic-Heftchen, etwa eine »Micky Maus«-Ausgabe, die vor dem Zweiten Weltkrieg gedruckt wurde und von Sammlern auf über 10 000 Euro geschätzt wird. Der Trick dabei ist, genau das anzubieten, was andere wollen. Angebot und Nachfrage regeln bekanntlich den Preis. Das gilt ebenso für Trödel.

Natürlich ist es leichter, eine größere Masse an zahlungswilligen Händlern oder Schnäppchenjägern zu erreichen, wenn wie bei uns ein Kamerateam dabei ist. Nichtsdestotrotz lässt sich selbst zur besten Sendezeit nur dann etwas verkaufen, wenn es einen gewissen Wert hat. Und diesen Wert gilt es herauszufinden. Bisher haben wir beim »Trödeltrupp« für über 1 Million Euro Trödel verkauft. Der lukrativste Fund war ein alter Porsche 901, der 107 000 Euro eingebracht hat. Auch nicht schlecht waren die 35 500 Euro, die in einem Aktenordner steckten. Auf der anderen Seite gab es da noch die 80 000 Tesafilm-Rollen, die jemand über Jahre gehortet hatte, die aber leider nicht weiterveräußert werden konnten, weil die Garantie abgelaufen war.

Dass an guten Tagen fast 1,5 Millionen Menschen gebannt vor dem Bildschirm sitzen, wenn wir den Trödel vom Müll trennen, ist kein Zufall. Der Erfolg kommt daher, dass Trödel boomt. Natürlich ist es für uns jedes Mal aufs Neue spannend, einen Blick in fremde Keller oder extra angemietete Garagen zu werfen. Doch viel spannender ist dabei, der Mehrwert für die Menschen, die dahinter stehen, und auch für uns selbst. Wer einmal »Der Trödeltrupp« gesehen hat, sieht sein eigenes Gerümpel mit ganz anderen Augen an, mitunter mit jeder Menge blinkender Dollar-Noten darin. Denn Flohmärkte,

Vorwort

Secondhand-Läden und Antiquitätengeschäfte erleben in den letzten Jahren eine echte Renaissance. Der Shabby Chic ist Trend. Und wer das Wort »antik« googelt, erhält nicht umsonst rund 100 Millionen Treffer.

Wir, Mauro, Sükrü und Otto, können mit Stolz sagen, dass wir zu den Pionieren dieses Ausmistens gehören. Wir sind neben »Indiana Jones« die weiteren drei Jäger des verlorenen Schatzes. Unsere ganze Erfahrung, unsere besten Verkaufstricks und Verhandlungs-Taktiken, all das ist in diesem Buch zusammengefasst. Dass es jeder von uns damit zum Trödel-Millionär schafft, wird nicht garantiert. Aber man ist auf einem guten Weg.

1

Der Trödeltrupp

Faszination Trödeltrupp

»Einer für alle. Alle für einen.«

Dieses berühmte Motto der drei Musketiere beschreibt am besten, worum es bei »Der Trödeltrupp – Das Geld liegt im Keller« geht und was uns dreien am Herzen liegt. Dass wir mit einem riesigen Müllcontainer anreisen, um hier einen Keller oder dort eine Scheune zu entrümpeln,

gibt nicht annähernd das wieder, was unsere eigentliche Aufgabe ist. Dass wir innerhalb von drei bis vier (Dreh-)Tagen mit zwei Teams einen Flohmarkt auf die Beine stellen und unser Händler-Netzwerk alarmieren, um den Trödel gewinnbringend zu verkaufen, gehört natürlich ebenso zu uns und zu unserer Sendung. Aber auch das ist nur ein kleiner Teil davon. Einen Flohmarkt zu organisieren ist kein Hexenwerk. Einen Keller auszuräumen ebenso nicht. Dazu braucht es nur Zeit und ein bisschen Energie. Dazu brauchen die Familien keine Experten wie uns. Was also macht unsere Aufgabe aus?

All diese riesigen Berge von Trödel haben eines gemeinsam: Darunter liegt das Schicksal einzelner Menschen im wahrsten Sinne des Wortes vergraben.

Sich hieraus zu befreien, sich aus diesem Berg regelrecht herauszugraben, um endlich – eben befreit von der Last – aufatmen zu können, ist aus eigener Kraft fast nicht zu bewältigen. Nicht für einen allein. Genau jetzt kommen wir ins Spiel. Wir helfen. Wir organisieren Helfer. Wir bieten Hilfe zur Selbsthilfe.

Wenn jemand allerdings glaubt, er holt uns zu sich nach Hause, damit wir seine Probleme im Alleingang für ihn lösen, während er sich zurücklehnt und uns dabei zusieht, der wird sehr schnell auf die Nase fallen, beziehungsweise über seinen eigenen Trödel. Denn das ist nicht unser Job. Wir unterstützen, trösten, reden, zeigen neue Wege auf, helfen beim Ausmisten und beim Verkauf. Das entscheidende Stichwort lautet hier: helfen! Die Hauptarbeit liegt bei den Familien selbst. Was auch richtig und wichtig ist. Wer etwas verändern will, muss sich selbst verändern. Er muss der Erste sein, der morgens aufsteht, und der Letzte, der nachts ins Bett fällt. Er muss härter arbeiten als alle anderen. Schließlich geht es um ihn.

Natürlich gibt es auch Formate im Fernsehen, bei denen am Ende der Sendung ein Geldkoffer winkt oder eine romantische Kreuzfahrt in der Karibik. Ja, aber so etwas gibt es eben nicht bei uns.

Wir zeigen die Realität. Bei uns gibt es keine Kandidaten, sondern Bewerber. Bei uns gibt es keine Million zu gewinnen, sondern die Chance auf einen Neuanfang mit dem nötigen Startkapital aus den Verkäufen. Wir können so sein, wie wir sind und auch so unsere Expertise zur Geltung bringen. Das Einzigartige am »Trödeltrupp« ist: Alles ist echt!

Selbstverständlich haben wir einen Realisator dabei, so etwas wie einen Regisseur, der dafür sorgt, dass am Ende des Tages auch eine Sendung produziert wurde. Dessen Job ist es, darauf zu achten, dass beispielsweise die Geldübergabe gefilmt oder das Eintreffen des Containers in Szene gesetzt wird. Er kümmert sich darum, dass jeder zu Wort kommt. Er stellt die Fragen im Hintergrund, lässt uns und unsere Bewerber zwischendurch ein Fazit ziehen. Kurz gesagt: Der Realisator organisiert das Chaos in dem Chaos. Das Schwierige nämlich ist, dass eben niemand von uns ein gelernter Schauspieler ist. Weder wir noch unsere Bewerber noch die Händler. Es wird mitunter hemmungslos durcheinandergeredet, mal leise, mal laut, mal im tiefsten Dialekt. Wird ein Handel im Hof abgeschlossen, während wir mit der Kamera gerade im Keller sind, ist das dumm gelaufen. Einen zweiten Versuch gibt es nicht. Die Zuschauer zu Hause merken davon nichts. Klar, was nicht gefilmt wird, kann nicht gezeigt werden. Eine Szene nachzustellen gehört vielleicht zu einem Film dazu, aber niemals zu einer Doku wie unserer. Realitätsgetreu ist für uns das oberste Gebot.

Wer sich unseren Dreh wie einen Hollywood-Film vorstellt, mit Wohnwagen für die Darsteller, mehreren Kamera-Kränen und einer Kamera, die auf Schienen fährt, sogenannte Track-Runner, der wird überrascht sein, wie klein es bei uns zugeht. Und wie flexibel wir arbeiten.

In der Regel haben wir einen Kameramann, der uns mit seiner Schulterkamera den ganzen Tag begleitet. Hinter ihm steht ein zweiter Mann, mit einem dieser langen Angel-Mikrofone in der Hand, einem riesigen Micky-Maus-Kopfhörer auf den Ohren und einem ziemlich schweren Mischpult auf den Bauch gespannt, der dafür sorgt, dass der Ton stimmt und jeder Dialog sofort verstanden wird. So ein Team wird meist zu zweit gebucht, als Duo. Das hat den Vorteil, dass die beiden nicht nur ihr Equipment, sondern ebenso ihre Laufwege aufeinander abgestimmt haben. Denn alles, was der Kameramann vor sich sieht, wird aufgenommen. Also muss alles, was nicht auf dem Videoband und in der anschließenden Sendung erscheinen soll, im Rücken des Kameramanns bleiben. Wie eben der Mann mit dem Mischer, unser Realisator und dessen Aufnahmeleiterin. So weit, so gut. Weil aber beim Entrümpeln jeder und jede kreuz und quer durch die Gegend wuselt, muss sich der Kameramann ebenso schnell kreuz und quer bewegen, um alles im Kasten zu haben. Man muss sich das wie eine Art ungewolltes Fernsehballett vorstellen, nur ohne Tutu, dafür mit jeder Menge Kabel. Ein Schwenk nach rechts und eine kleine Menschentraube tänzelt nach rechts, ein Schwenk nach links und die Traube tänzelt zurück. Vorwärts, rückwärts, seitwärts, stehen. Dazu leise sein, keine Geräusche verursachen und darauf achten, dass der Schatten (wenn die Sonne im Rücken steht), nicht ins Bild fällt. Auf eine Kamera-Disc passen circa 45 Minuten Filmmaterial. Für eine 45-Minuten-Folge braucht es durchschnittlich 15 dieser Discs. 675 Minuten Material mag viel klingen, ist es aber nicht.

Tatsächlich werden wir mit Absicht im Ungewissen gelassen. Das Einzige, was wir vor der Sendung erfahren, sind der Drehort, die Drehzeit und der Name der Familie. Mehr nicht. Die Auswahl der Familie trifft allein die Produktion – und hat dabei die Qual der Wahl. In Spitzenzeiten bewerben sich bis zu 100 Familien pro Tag. Und das seit der allerersten Sendung. Die Familien werden nach zwei Kriterien ausgesucht. Erstens: Sie müssen über eine gewisse Mindestmenge an Trödel verfügen, der nicht nur aus Müll bestehen darf. Zweitens: Die Protagonisten müssen offen und redselig sein, nicht schüchtern.

Das Thema Trödel betrifft eigentlich jeden – sowohl jung als auch alt. Junge Leute erben oft besondere Stücke von Verwandten, die manchmal sogar von Generation zu Generation weitergegeben worden sind. Die älteren unter uns gehören dann eher zur Gruppe der Sammler. Die Faszination liegt aber eben auch genau darin, dass der »Trödeltrupp« den Charakter einer modernen Schatzsuche hat. Viele wollen danach auf dem Dachboden nachschauen, weil sie denken, dass auch sie vielleicht etwas gekauft haben, was viel wert sein könnte. Die Atmosphäre dazu ist warm, herzlich und entspannt. Und man lernt auch etwas.

Wir wissen genau so wenig wie der Zuschauer vor dem Fernseher und können ihn daher hautnah miterleben lassen, was uns selbst erwartet. Unsere Reaktion stimmt mit der unserer Zuschauer daher fast immer überein. Wenn wir in einem überfüllten und völlig vermüllten 400-Quadratmeter-Schuppen verzweifelt die Hände über den Kopf zusammenschlagen, dann machen unsere Zuschauer zu Hause auf dem Sofa das meist ganz genauso.

2008 standen wir drei selbst auf der Bewerber-Seite. Mehrere Trödelhändler, darunter wir drei, wurden von der Fernsehproduktion «Good Times« angefragt und zu einem großen Casting eingeladen. Es fand damals, wo auch sonst, in einer Flohmarkthalle statt. Keiner hatte großartige Erfahrungen damit, vor der Kamera zu stehen. Dementsprechend nervös und aufgeregt waren wir bei der ersten Sendung. Da bekommst du selbst als gestandener Kerl ganz schnell weiche Knie, und deine große Klappe wird plötzlich sehr leise und kleinlaut. Die erste »Der Trödeltrupp«-Folge wurde am Sonntag, den 22. Februar 2009 ausgestrahlt. Übrigens passend zur 81. Oscar-Verleihung im Kodak Theatre in Los Angeles. Es war das Jahr, in dem der Film »Slumdog Millionär« gleich acht Oscars abräumte. Der in Indien gedrehte Film erzählt von dem Tag im Leben des achtzehnjährigen Jamal Malik, an dem er den Hauptpreis – 20 Millionen indische Rupien – in der Fernsehsendung »Who Wants to Be a Millionaire?« gewinnt. Zwar kommt keiner von uns drei aus dem Ghetto, und ebenso wenig ist einer von uns durch den »Trödeltrupp« zum Millionär geworden. Dennoch hat sich die Doku für uns ebenfalls als eine Art »Hauptpreis« erwiesen.

Seit diesem Tag im Februar haben wir drei uns also in jeder Sendung aufgeteilt, um überall in Deutschland und in Österreich den Trödel an den Mann und den Müll in die Tonne zu bringen. Gleich blieb nur der Vorspann: »Das sind die Männer, die jeden Schatz finden und jeden Schrott gnadenlos entsorgen. Sie sind die Könige der Flohmärkte. Sie sind die Besten der Besten. Sie sind der RTL II-Trödeltrupp.«

Dass sich die Produktion letztendlich für uns drei entschieden hat, war weniger Zufall. Vielmehr lag es daran, dass wir so unterschiedlich sind und uns dementsprechend ergänzen können. Was bringt es, wenn alle drei sich mit Antiquitäten auskennen, aber niemand Ahnung von Motoren hat? Also wurden mit einem Deutsch-Italiener, einem Deutsch-Türken und einem Ruhrpottler drei Männer ausgewählt, die neben Fachwissen und Verhandlungsgeschick – wenn wir unseren Fans Glauben schenken dürfen – ebenso ein großes Herz haben. Jeder von uns bringt seine eigenen Stärken mit ins Team.

Einzeln sind wir (ohne arrogant klingen zu wollen) schon gut, weil wir unseren Job nun mal beherrschen. Wenn wir – wie in den »Trödeltrupp«-Spezialfolgen – auch noch zu dritt auftreten, sind wir unschlagbar. Einmal gemeinsam in Fahrt gekommen, bombardieren wir die Händler mit Verkaufsargumenten und bringen quasi alles an den Mann – und das zu einem hervorragenden Preis. Unsere Teamarbeit ist eine Mischung aus Good Cop/Bad Cop, »drei Fäuste für ein Halleluja« und dem A-Team – und sieht ungefähr so aus: Erst fragen wir die Familie nach ihren Preis-Vorstellungen, damit wir eine ungefähre Ahnung haben, wo wir bei einem Verkaufsgespräch ansetzen können. Es ist wichtig, dass die Besitzer sich damit auseinandersetzen, wie viel sie für etwas verlangen wollen. Schließlich müssen sie mit dem erzielten Gewinn letztendlich zufrieden sein, nicht wir. Dann loten wir die unterste Schmerzgrenze aus, also den absoluten Mindestpreis, für das etwas verkauft werden soll oder eben nicht.

Wir erinnern uns an einen Fall, in dem eine Frau die alten Motorräder ihres Vaters verkaufen wollte. Die Schmerzgrenze bei einem der Zweiräder lag bei 1500 Euro. Die Verkaufsszene mit dem Händler lief dann ungefähr so ab.

»

Sükrü: »Für nur 4000 Euro gehört das Motorrad dir!«

Der Händler: »Das ist viel zu viel. Ich gebe euch 1200 Euro für das alte Motorrad. Mehr ist diese Kiste nicht wert.«

Otto: »1200? So eine Maschine in diesem Zustand findest du nirgendwo mehr. Das sind alles Original-Teile.«

Der Händler: »Okay, 1500 Euro.«

Sükrü: »Wir beiden wissen doch, dass dieser Klassiker mindestens 4000 Euro wert ist.«

Der Händler: »Nein, so verhandelt man doch nicht. Du musst mir mit dem Preis schon entgegenkommen. 2000 Euro, mein letztes Wort!«

Mauro: »Pass auf, wir kommen dir entgegen. Wir packen noch eine zweite Maschine drauf, die du dann ausschlachten kannst. Die ist alleine bereits 1000 Euro wert. Machen wir zusammen 4000 Euro. Deal?«

«

Eines muss noch erwähnt werden: Wir würden niemals etwas verkaufen, was nicht dem Wert entspricht. Genauso wenig wie die Händler etwas Wertloses kaufen würden, nur weil da eine Fernsehkamera läuft. Abgesehen von den Flohmärkten, bei denen ganz »normale« Menschen aus der Nachbarschaft zur Schnäppchenjagd kommen, haben wir es in der Regel mit Experten wie uns zu tun. Die meisten dieser Händler leben – genau wie wir selbst – vom Einkauf und Verkauf von Trödel. Wir haben mit den Jahren ein riesiges Netzwerk in ganz Deutschland aufgebaut mit über Tausenden von Kontakten. Wenn einer dieser Händler also ursprünglich 1200 Euro für ein Motorrad bietet und wir dafür 4000 Euro haben wollen, ist es keine Abzocke. Die Maschine ist dann tatsächlich 4000 Euro wert. Es schmälert eben nur den Gewinn des

Händlers, schließlich wird gekauft, um weiterverkauft zu werden. Das ist uns wichtig. Wie gesagt, wir haben es mit echten Menschen zu tun, die wiederum ihrem ganz realen Tagesgeschäft nachgehen, um ihre Familie zu ernähren oder den Hauskredit abzustottern. Den Preis hoch anzusetzen, wenn er sich denn im Rahmen bewegt, gehört schlicht zum Handeln dazu – solange es fair bleibt.

Seit der 200. Folge spielen wir dieses Spiel auch zu dritt. Mauro, Sükrü und Otto gemeinsam in Aktion? Das kann ja heiter werden, dachten wir spontan. Wurde es auch. Dass wir trotz wunderbarer Quoten nach unserer ersten gemeinsamen Spezialfolge baden gehen mussten, hatte allerdings einen anderen Grund. Aber dazu kommen wir später noch.

Mit einem silberfarbenen Bus folgten wir bei unserem ersten Dreier-Fall einem Hilferuf aus Schleswig-Holstein. Kay, Heike und Manja wohnten in einer aus 19 Ortsteilen bestehenden Gemeinde direkt an der Ostsee. Das Schicksal hatte der Familie in den Jahren zuvor übel mitgespielt: Zuerst musste Familienoberhaupt Kay seinen Motorradladen aufgeben. Aus gesundheitlichen Gründen hatte er die Leitung seines Unternehmens einem Mitarbeiter anvertraut, mit fatalen Folgen. »Er wurde beschissen, das Geld war weg«, brachte es seine Tochter Manja auf den Punkt. Die Neunzehnjährige selbst hatte ebenfalls eine regelrechte und ziemlich schmerzhafte Odyssee hinter sich. Manja wurde mit einem offenen Gaumen geboren, verbrachte ihre halbe Kindheit im Krankenhaus und hat wohl mehr Operationen hinter sich als die meisten von uns. Nach der Pleite des Motorradladens verlor die Familie auch noch ihr Eigenheim, musste in eine 32 Quadratmeter kleine Wohnung umziehen. Zu dritt, wohlgemerkt. Das sind 10,6 Quadratmeter für jeden Einzelnen, für Mutter, Vater und Tochter. Damit nicht genug: Als kurz darauf Heikes Vater starb, brach für sie die Welt völlig zusammen. Sie verfiel in Depressionen. Ihr Vater war ein leidenschaftlicher Trödeljäger gewesen, er liebte alte Motorräder und Oldtimer. Seine Schätze bewahrte er in einer 400 Quadratmeter großen, zweistöckigen Halle auf. Zum Vergleich: Das sind zwei Hallenfußball-Felder übereinander. Und das

alles sollte jetzt geleert werden. Keine leichte Aufgabe, vor allem emotional. Denn um mit der Vergangenheit endlich abschließen zu können, mussten die Sammlerstücke des Vaters verkauft werden. Ein klarer Fall für den »Trödeltrupp«.

»Ich hatte so sehr darauf gehofft, dass wenigstens einer von euch kommt. Mit gleich allen drei hätte ich nicht gerechnet. Obwohl ich zu meinem Mann gesagt habe: Das hier ist so viel Trödel, das ist doch für einen alleine nicht zu schaffen.« Es war Heike, die diesen Satz zu uns sagte und die Situation damit genau auf den Punkt brachte. Die Produktion wusste von dem Mammut-Projekt – wir nicht. Die Produktion wusste, dass es für einen allein nicht zu schaffen war – wir nicht. Also wurde die erste »Trödeltrupp«-Spezialfolge geboren, passend zum Jubiläum ausgestrahlt.

Das Projekt bei der Familie ist tatsächlich bis heute eines der größten Herausforderungen für uns gewesen. Vielleicht erinnern wir uns deshalb noch so detailliert an alles. Über 15 Motorräder standen in der Halle, zwei Autos, zwei Traktoren, eine Jukebox, um nur mal die großen Teile aufzuzählen. Die meisten Sachen waren leider in einem sehr schlechten Zustand, und so mussten wir erst einmal all das reparieren, was noch zu reparieren war. 50 000 Euro hatte sich die Familie von dem Verkauf erhofft. Ein Preis, der allerdings völlig utopisch und niemals zu erreichen war. Die Autos waren zerschlissen, die Trecker verrostet, die Motorräder ebenso allesamt nicht fahrbereit. Dennoch war es spannend zu sehen, wie gut wir denn mit unserer jeweils persönlichen Einschätzung liegen würden. Otto machte den Anfang und legte mit »über 12 000 Euro« die erste Messlatte hin. Mauro und Sükrü blieben unter 12 000 Euro. Es war die erste interne Wette zwischen uns, aber lange nicht die letzte. Tatsächlich haben wir seit jeher immer gewettet, wer am besten verkauft, am schnellsten ausmistet oder die meisten Helfer organisieren kann. Der Wetteinsatz dieses Mal war, dass der Verlierer einmal in die Ostsee hüpfen muss. Splitterfasernackt. Wir müssen dazu sagen, dass wir diese Folge zwar im Juni gedreht haben, es an dem Tag aber sehr kühl und windig war. Wer schon einmal in der Ostsee gebadet hat, der weiß, dass das Wasser selbst im Hochsommer bei 35 Grad Hitze immer noch recht frisch ist, um es mal vorsichtig zu formulieren. Bei einer Außentemperatur von sieben Grad gleicht die Ostsee einem flüssigen Kühlschrank.

Wir haben der Familie von Anfang gesagt, dass wir nicht alles schaffen werden, weil es schlicht zu viel ist. Dann hätte man zehn Sükrüs, zehn Mauros und zehn Ottos mitbringen müssen. Doch nach drei Drehtagen war der Anfang gemacht: Der Container war voll, die Halle halbwegs leer, alle Motorräder waren fahrbereit und verkaufsfertig aufgemöbelt.

Und verkauft wurde natürlich auch noch einiges. Der schönste Moment für uns in jeder Sendung ist die Geldübergabe. In der Anfangszeit hatten wir stets eine Rolle vorbereitet, auf der sämtliche Verkäufe aufgezählt und zusammengerechnet werden (inzwischen arbeiten wir mit einer App). Ganz unten steht die endgültige Summe. Zugegeben, vorbereitet hat die Rolle unsere jeweilige Aufnahmeleiterin für die Sendung. Ein knallhartes Stück Arbeit: Jeder einzelne Verkauf muss dokumentiert werden. Bei einem Verkauf von einem einzelnen Motorrad ist das eine Kleinigkeit. Bei einem Flohmarkt-Verkauf, bei dem am Ende über 2000 Euro zusammenkommen, und bei dem die Artikel teilweise nur einen Euro kosten, sieht die Sache schon ein wenig stressiger aus. Vor allem, da viele dieser Verkäufe parallel stattfinden. Die Assistentin spurtet dann hin und her wie eine Flipper-Kugel und muss ständig nachfragen: »Für wie viel gingen die Schallplatten weg?« »Was habt ihr für die Lampe verlangt?« »Wie viel wurde für den Kerzenständer bezahlt?« In diesem speziellen Fall waren es 500 Euro für diverse Schallplatten, 3070 Euro für das Schwalbe-Moped, 2000 Euro für ein Motorrad, 1250 für die Emaille-Blechschilder, 3000 Euro für beide Autos, 3100 Euro für die beiden Trecker – und dazu noch 2344,50 Euro aus dem Erlös des Flohmarkt-Verkaufs. Insgesamt 13 264,50 Euro stand als Endsumme auf der Rolle. »Meine Mama hat das erste Mal wieder gestrahlt«, bedankte sich vor allem Tochter Manja mit Tränen in den Augen. Für solche Momente wissen wir, warum der »Trödeltrupp« so wichtig ist. Er verändert Leben.

Doch da war ja noch die Sache mit dem Badengehen. Nach dieser Folge sind wir schließlich sogar alle drei ins kalte Ostseewasser gehüpft. Okay, ganz nackt waren wir dabei nicht, die Badeshorts blieben an. Warum alle drei, obwohl doch nur zwei von uns verloren haben? Ganz einfach: mitgehangen, mitgefangen. Oder unserem Motto getreu:

Einer für alle. Alle für einen. Und das gilt eben auch für Blödel-Wetten wie diese.

Die Reaktionen auf die Jubiläums-Sendung waren so überwältigend positiv, dass unsere Dreier-Fälle als Spezialfolgen zum festen Bestandteil des »Trödeltrupps« wurden und in der Primetime gezeigt werden – was vielleicht auch an unserem Fast-nackig-Bade-Einsatz gelegen hat. Bis heute haben wir neben den regulären Folgen über 70 Spezialfolgen abgedreht.

Freunde fürs Leben

» Ein Freund, ein guter Freund,
das ist das Beste, was es gibt auf der Welt.
Ein Freund bleibt immer Freund,
und wenn die ganze Welt zusammenfällt.

Drum sei auch nie betrübt,
wenn dein Schatz dich nicht mehr liebt.
Ein Freund, ein guter Freund,
das ist der größte Schatz, den's gibt. «

Zugegeben, so gut singen wie die Comedian Harmonists können wir nicht. Aber der Text passt zu unserem »Trödeltrupp« trotzdem wie die Faust aufs Auge. Denn bei all den wertvollen Dingen, die wir in unseren Sendungen aufstöbern, ist der größte Schatz tatsächlich die Hilfsbereitschaft – sowohl von Nachbarn und Freunden, als auch von bisher Unbekannten. Klar, schon wenn wir eine Scheune erfolgreich entmüllt haben, spüren wir bei den Menschen Erleichterung. Und wird das Geld übergeben, ist die Freude riesig. Doch wenn eine Familie vor einem schier unbezwingbaren Berg aus Ramsch und Trödel steht, völlig überfordert mit der Situation, und plötzlich wie aus dem Nichts eine Gruppe von engagierten Helfer erscheint, dann fließen die Tränen. Vor Erleichterung, vor Freude – und vor Dankbarkeit.

Der »Trödeltrupp« ist nicht ohne Grund ein Familientrupp. Wir drei sind von Anfang an dabei und bleiben es definitiv auch. Die liebe Conny Landgraf aus der Produktion von »Good Times«, das Herz und Hirn unserer Sendung, ist ebenfalls seit dem »Piloten«, also der allerersten Sendung, an unserer Seite. Wir haben Fans, die uns von der ersten Stunde an treu begleiten. Und wir haben beim »Trödeltrupp« Menschen getroffen, die zu Freunden fürs Leben wurden. Wie eine Familie.

Dass wir drei zu dicken Kumpels wurden – und dass wir das sind, können wir heute mit Stolz sagen –, hat sich allerdings erst durch unsere Spezialfolgen ergeben. Gekannt und gemocht hatten wir uns davor schon, keine Frage. Doch wenn du wie wir bei solchen Drehs tagelang aufeinander hockst, von morgens bis abends, entsteht mit der Zeit eine Vertrautheit, aus der erst Zuneigung wird und schließlich Freundschaft. Erst recht nach Drehtagen, die einem ans Herz gehen. Wenn Schicksale dich berühren, haben die Gespräche abends an der Hotelbar eine ganz andere Tiefe, als wenn du gut gelaunt und angetrunken von einem Fußballspiel kommst. Es öffnet dein Herz, lässt dich empathischer werden und sensibler für die Sorgen anderer. Je härter der Schicksalsschlag war, den wir als »Trödeltrupp« erlebt hatten, desto ehrlicher wurden abends unsere Gespräche. Desto eher haben wir über unsere eigenen Probleme miteinander gesprochen. Ehrlichkeit als Basis von Freundschaft. Das verbindet.

In unserer ersten Spezialfolge war die Idee, dass wir gegenseitig etwas Nettes über den anderen sagen, ein gegenseitiges Schulterklopfen. Der Zuschauer sollte spüren, dass wir drei ein Team sind. Das waren wir in der Tat seit dem ersten Moment, aber die besten Freunde waren wir am Anfang nicht. Das zu sagen, wäre gelogen gewesen, dazu kannten wir uns zu wenig. Trotzdem hatten wir schon früh ein gutes Gefühl untereinander:

»

Otto über Sükrü:
»Mit Sükrü kann man Pferde stehlen. Das ist ein so prima Kerl.«

Sükrü über Otto:
»Otto ist der Strengste unter uns, er ist immer knallhart.«

Otto über Mauro:
»Der Mauro hat ja schon seinen wunderbaren, trockenen Humor. Man muss ihn verstehen, es ist nicht immer einfach. Aber ... einfach geil!«

«

Das war 2011. Seitdem haben wir drei Seite an Seite nicht nur Tausende Kubikmeter von Trödel bewegt, wir sind längst zu einer Familie zusammengewachsen und zu besten Freunden geworden. Geburtstage und Familienfeiern werden, wenn möglich, zusammen verbracht. Unser Glück ist, dass wir drei alle in der gleichen Ecke von Nordrhein-Westfalen wohnen. Köln, Essen und Mönchengladbach liegen nur eine knappe Autostunde entfernt voneinander. Wer die Deutschlandkarte vor seinem inneren Auge aufschlägt und die Punkte mit einem Lineal verbindet, wird über die symmetrische Geometrie erstaunt sein: Es entsteht eine Art gleichschenkliges Kräftedreieck. Es ist ein schönes Gefühl zu wissen, dass wir für den anderen greifbar sind. Es gibt nicht viele Menschen, die du mitten in der Nacht anrufen kannst und die dann für dich da sind. Bedingungslos. Eben einer für alle, alle für einen. Viele von unseren Fans sind mit den Jahren ebenfalls zu richtigen Freunden geworden, insbesondere unsere Stammhelfer.

Unsere Stammhelfer sind sowieso ein wahrer Segen für unsere Sendung. Diese großartigen Menschen reisen auf eigene Kosten zu den jeweiligen Familien an, sie kommen selbst für Benzin- und Übernachtungskosten auf, nehmen sich dafür sogar extra Urlaub. Und warum? Einfach nur, um zu helfen. Weil sie wissen, dass sie mit ihren beiden Händen das Schicksal einzelner Menschen tatsächlich verändern und verbessern können. Viele dieser Stammhelfer sind längst selbst untereinander befreundet, nutzen die »Trödeltrupp«-Einsätze, um sich zu treffen. Dann wird erst geschuftet, danach gefeiert. Mit den meisten Stammhelfern sind wir über WhatsApp-Gruppen verbunden. Wir treffen uns auch außerhalb des Drehs zu sogenannten »Fan-Treffen« – auch wenn wir das leider fast zu selten schaffen und obwohl man das Wort »Fans« eigentlich durch »Freunde« ersetzen müsste. Wenn wir Hilfe brauchen, können wir uns auf diese fleißigen Frauen und Männer blind verlassen. Freundschaftsdienste eben.

Wir erinnern uns besonders an die Geschichte der damals fünfzehnjährige Janine: Von ihrem verstorbenen Vater hatte sie ein 110 Quadratmeter großes Haus samt 10 000 Quadratmeter großem Grundstück und einer 300 Quadratmeter großen Lagerhalle geerbt. Alles vollgestellt mit Trödel, Schrott und Müll. Janine wusste nicht, wo sie anfangen sollte. Auch ihre Mutter Carmen und ihre Oma Elisabeth waren mit dieser Menge schlichtweg überfordert. Alles lag nun schon seit dem Tod von Janines Vater vor anderthalb Jahren brach. Für die Familie erwies sich das als große Belastung, denn die laufenden Kosten für Haus, Grundstück und Lagerhalle schlugen mit jedem Monat mehr zu Buche. Insgesamt hatte die Familie so schon 7000 Euro Schulden angehäuft. Wie der Teenager diese zurückbezahlen sollte, wusste sie nicht. Deswegen wandte sie sich an uns drei.

In einem Fall wie diesem ist Hilfe gefragt. Viel Hilfe. Unentgeltliche Hilfe wohlgemerkt. Familien, die in Schwierigkeiten stecken, haben bekanntermaßen kein Geld. Unser Budget ist ebenfalls nicht groß genug, um jemanden bezahlen zu können. Darum startet die Produktionsfirma »Good Times« vor jeder Sendung einen Aufruf, über Facebook und eBay-Kleinanzeigen. Bei der fünfzehnjährigen Janine lautete dieser Aufruf so:

» Der RTL II-Trödeltrupp sucht im Rahmen von Dreharbeiten freiwillige Helfer. Die Experten wurden für eine neue Folge von einer Familie in Hünxe zur Hilfe gerufen. Die Familie braucht dringend Hilfe. Das fünfzehnjährige Mädchen ist Alleinerbin des Nachlasses ihres vor Kurzem verstorbenen Vaters, und alle sind mit dem vollgestopften Haus und dem Lager völlig überfordert. Unter der Anleitung der Trödelexperten sollen die Freiwilligen dabei helfen, Dinge zu sortieren und in einen Container zu werfen. Außerdem gibt es einen spannenden Einblick in die Entstehung einer TV-Produktion. «

So nüchtern die Anfrage klingen mag, so emotional war die Resonanz. Wer bei all den schlechten Nachrichten auf der Welt anfängt, an der Menschlichkeit zu zweifeln, der braucht sich nur eine Folge wie diese anzusehen. Wir machen unseren »Trödeltrupp« nun schon seit 2009, und man sollte meinen, dass wir alles gesehen und alles erlebt haben. Trotzdem sind auch wir immer wieder überwältigt von einer Art Nächstenliebe, die so nicht selbstverständlich ist. Nicht für uns, nicht für die Bewerber – aber für unsere (Stamm-)Helfer offenbar schon.

Viele, die uns zum ersten Mal an einem Drehort besuchen oder unsere Doku einschalten, fragen sich erstaunt, warum diese oder jene Familie überhaupt auf die Hilfe von so vielen fremden Menschen angewiesen ist? Haben die denn keine eigenen Freunde, die sie unterstützen? Keine Brüder, Schwestern, Onkeln, Tanten oder Cousinen? Irgendjemanden? Jeder, der sich in einem Verein, in der Kirche oder sonst wie im Ort oder im Stadtviertel engagiert und in Schwierigkeiten gerät, kann sich doch in der Regel auf helfende Hände verlassen. Dann wird ein Rundruf gestartet, ein Arbeitseinsatz geplant und zusammen angepackt. Doch so traurig die Aussage klingen mag: Bei den meisten Familien, die sich bei uns bewerben, gibt es niemanden, der angerufen werden kann oder der mal kurz mit seinem Hänger vorbeifährt. All unsere Bewerber haben mit einem schweren Schicksal zu kämpfen. Sei es mit Krankheit, Arbeitslosigkeit oder im schlimmsten Fall dem Tod eines geliebten Menschen. Sie haben meist einen riesigen Berg voller Schulden oder ein vermülltes Zuhause und schämen sich deswegen. Und wer sich schämt, zieht sich zurück. Von Freunden, von der Familie, von allen.

Eine unserer jüngsten Folgen führte uns nach Orlamünde, in der Nähe von Jena. Zu einer einundsechzigjährigen Frau, die nach dem Tod des Vaters über Jahre hinweg auch noch ihre schwer kranke Mutter aufopferungsvoll gepflegt hatte. Diese Frau ackerte Tag und Nacht in einem Drei-Schichten-Modell, hetzte von ihrem Zuhause zur Arbeit und zurück. Freizeit? Fehlanzeige. Soziale Kontakte? Unmöglich! Ihre beiden Töchter lebten in Berlin. Die Frau selbst war nach dem Tod der Mutter völlig allein. Wie hätte sie denn auch Freundschaften pflegen sollen?

Es war schließlich eine der beiden Töchter der Einundsechzigjährigen, die uns um Hilfe bat, da sie allein mit ihrem Partner gegen die Masse an Trödel und Müll schlicht keine Chance hatte. Neben dem Haus gab es eine Garage, einen Keller, ein Nebengebäude und einen riesigen Pavillon zu entrümpeln. Also hatte »Good Times« einen Aufruf gestartet, und wir hatten ebenfalls in unserer WhatsApp-Gruppe um Hilfe gebeten. Auf unsere Freunde war Verlass: neun Männer standen parat, 18 helfende Hände, die zupacken konnten, auch bei Minus-Temperaturen und eisigem Dezember-Wind. Dass uns in diesem Fall nur Männer unterstützten, war Zufall. Viele unserer fleißigen Bienen sind Frauen, die ebenso hart anpacken können und es oft genug bewiesen haben.

Zwei dieser Helfer waren junge Männer, die schlicht neugierig gewesen waren und den Aufruf auf eBay-Kleinanzeigen gelesen hatten. Sie wohnten in der Nähe des Drehorts, wollten etwas Gutes tun und dazu ein wenig »Fernseh-Luft« schnuppern. Darum sagten sie zu, nahmen sich dafür sogar extra Urlaub und halfen so einer wildfremden Familie aus der Patsche. Tolle Einstellung! Die restlichen sieben der Gruppe – und das freut uns besonders – gehörten zu unseren Stammhelfern. Sie hatten Glühwein mitgebracht, Pizza bestellt, um nach einem körperlich anstrengenden Einsatztag ein wenig zusammen zu feiern. Brot und Spiele gibt es schon seit dem alten Rom. Wir haben Pizza und Trödel. Und dazu die besten Fans der Welt. Treue Freunde fürs Leben, wie man sie sich nur wünschen kann.

Mauro, der Aufräum-Held

Mein Name: Mauro Corradino.

Mein Trödel-Motto: Du kannst alles verkaufen, es muss nur dekorativ sein.

Meine Stärke: Niemand lichtet Chaos schneller als ich!

Für mich ist Trödel nicht nur ein Beruf, sondern eine Berufung, eine Lebensweise, eine sizilianische Familientradition, die über Generationen hinweg gepflegt wurde. Mein Onkel war Antiquitätenhändler. Von ihm habe ich wahrscheinlich die Liebe zu Antiquitäten geerbt. Schon als kleiner Junge liebte ich es, in der Werkstatt zu stehen und stundenlang zu basteln, mit dem Hobel in der einen und dem Hammer in anderen Hand. Ich erinnere mich noch genau, wie ich damals einen alten Leuchter meiner Eltern aus Versehen zu Boden schmiss. Er war danach völlig zerstört. Als Kind hatte ich »nur« ein schlechtes Gewissen, heute aber blutet mir mein Trödler-Herz, denn ich weiß, dass dieses Stück einen sehr guten Preis erzielen würde. Auf den Sekretär, den mir meine Mutter vererbt hat, habe ich zum Glück besser aufgepasst. Der steht bei mir zu Hause, ist allerdings unverkäuflich. Ansonsten verkaufe ich alles. Okay, fast alles. Von einigen Möbeln, die ich in meinem Laden sorgfältig restauriere, kann ich mich nicht trennen. Die nehme ich dann für meine eigene Einrichtung mit nach Hause und stelle dafür ein anderes Stück in den Shop, das ich verkaufe. Das ist ja das Tolle an meinem Job! Noch besser daran ist, dass ich von meinem Hobby tatsächlich leben kann. Das hätte ich früher nicht gedacht.

»Früher« – das ging bei mir los in Nordrhein-Westfalen. Geboren wurde ich am 6. Juli 1970 in Schwerte im östlichen Ruhrgebiet. Mein Vater kommt aus der Nähe von Cefalù, einer Küstenstadt auf Sizilien. Von ihm habe ich das italienische Temperament geerbt und sicherlich auch das Verhandlungsgeschick. Denn wenn Italiener eines können, dann mit Händen und Füßen jeden in Grund und Boden reden. Ausnahmslos. Meine Mutter war Berlinerin. Von ihr habe ich gelernt, was es bedeutet, hart für sein Geld zu arbeiten. Ich bin wohl der einzige Italiener, der zur preußischen Pünktlichkeit und Disziplin erzogen wurde. Wenn wir einen Dreh haben, wird Sükrü immer eine Stunde früher bestellt, weil alle wissen, dass Pünktlichkeit nicht seine größte Stärke ist. Bei mir ist es anders: 8 Uhr Abfahrt bedeutet 8 Uhr Abfahrt. Schon lustig, was man so von seinen Eltern mitbekommt ...

Weil ich es eben gewohnt war, Dinge preußisch durchzuziehen (»Was du anfängst, bringst du zu Ende, Mauro«, höre ich meine Mutter sagen), habe ich erst meine Ausbildung als Kinderpfleger abgeschlossen, obwohl mir schon damals klar war, dass es nicht das ist, was ich den Rest meines Leben machen möchte. Aber wenn die große Liebe deines Lebens sich entscheidet, Kinderpflegerin zu werden, dann machst du das nun mal mit. Diese Beziehung zerbrach relativ schnell, wie es in diesem Alter eben so ist. Danach begann ich eine zweite Ausbildung zum IT-Systemkaufmann. Kaufmann bin ich heute noch, nur das Digitale habe ich gegen das Antike eingetauscht. Denn meine Leidenschaft fürs Sammeln und Verkaufen setzte sich schließlich durch. Eine Zeit lang habe ich mit Radios gehandelt und dabei meine ersten Erfahrungen auf dem Flohmarkt gemacht. Ich hatte jede Menge teurer Wünsche, die ich mir in meiner finanziellen Lage nicht erfüllen konnte. Ich wollte zum Beispiel unbedingt ein Cabrio fahren, also sparte ich mir das Geld dafür mit Trödel zusammen. So fing alles an. Schließlich habe ich mich auf Antiquitäten spezialisiert und 2004 den Antiquitätenladen meines Onkels samt seiner Werkstatt in Köln übernommen. Obwohl ich gestehen muss, dass ich mich mit dieser Entscheidung anfangs etwas schwergetan habe. Wenn du jung bist, willst du die ganze Welt erobern. Du willst rausgehen und deinen Horizont erweitern, statt Tag für Tag in einer Werkstatt zu sitzen. Inzwischen ist dieser kleine Anti-

quitätenladen in der Kölner Innenstadt neben unserer Sendung aber meine ganze Liebe.

Apropos Liebe! 1993 bin ich genau deshalb nach Köln gezogen. Die Beziehung hielt damals zwar nur ganze sechs Wochen – aber meine Liebe zur Domstadt ist geblieben. In der Nähe von Köln habe ich mir den Traum von einem eigenen Haus erfüllt, das ich mir mit meiner zwei Jahre älteren Schwester teile. Ich habe ihr den ersten Stock zu einer Wohnung umgebaut. Mein Reich ist das Erdgeschoss, und ich genieße es, im Garten bei der ein oder anderen Arbeit abzuschalten. Und schließlich habe ich Harry, meinen Chihuahua. Der kleine Kerl ist immer an meiner Seite.

Ich werde oft gefragt, wie denn mein normales Leben aussieht. Was ich denn tue, wenn ich mal nicht vor der Kamera stehe. Die ehrliche Antwort, so unspannend sie klingen mag, ist: Mein Alltag ist völlig normal. Ich stehe jeden Sonntag um sieben Uhr auf und gehe erst einmal eine Runde laufen, damit ich bei Kräften bleibe, sonst baue ich körperlich ab. Meistens jogge ich um die fünf Kilometer. Außerdem muss ich morgens immer lesen, um in die Gänge zu kommen – hauptsächlich antiquarische Fachbücher. Und ich gehe leidenschaftlich gern gut essen. Ich kenne jedes Restaurant in Köln. Essenstechnisch lasse ich mich gern bedienen. Da kommt der Italiener in mir durch. Das gilt ebenso für die Eitelkeit. Ich stehe zwar nicht stundenlang vor dem Spiegel, aber ich schaue schon, dass ich im Fernsehen gut rüberkomme und noch in meine Hosen passe. Ich wiege 76 Kilo – wenn es auf die 78 Kilo zugeht, lasse ich ein paar fett machende Lebensmittel weg. Außerdem trinke ich seit einem Jahr meinen Kaffee nur noch schwarz. Dass ich im Winter dagegen einmal im Monat ins Solarium gehe, hat nichts mit Eitelkeit zu tun. Das ist für mich eine Wärme- und Lichttherapie, denn ich friere sehr leicht. Ich hatte mal eine Zeit, da wurde ich in der dunklen Jahreszeit sehr muffelig. Das passiert bei Vitamin-D-Mangel. Ein Solarium hilft. Ich bin eben ein Sonnenkind, ein halber Südländer, und ich brauche das Licht.

Ob ich ehrgeizig bin? Ja, total. Wenn mir etwas nicht passt, mache ich es auch nicht. Aber wenn ich mich für etwas entscheide, will ich auch etwas erreichen. Ich habe in meinem Antiquitätengeschäft zum Beispiel kürzlich eine antike Kommode restauriert. Natürlich hätte ich die Beine der Kommode, an denen der Holzwurm genagt hat, so lassen können. Aber das bringe ich nicht übers Herz. Ich will es perfekt haben, um das Stück auch guten Gewissens verkaufen zu können. In diesem Fall bin ich ein Perfektionist. Wenn ein Möbelstück verkauft wird, denke ich immer: Du hättest es noch besser bearbeiten können.

Heute ist mein größtes Talent, mich selbst und andere immer wieder zu motivieren. Auch mal zum Späße machen. Es ist wichtig, dass man jeden Tag lacht. Natürlich gibt es im Leben auch schwierige Zeiten. Das kennt jeder, mich eingeschlossen. Aber ich bin Optimist und denke, dass alles irgendwie einen Sinn hat.

So wie 2009, als mein Leben förmlich auf den Kopf gestellt wurde – im positiven Sinne wohlgemerkt. Plötzlich gehörte ich zum »Trödeltrupp«, und mit einem Mal änderte sich alles. Und damit meine ich tatsächlich: ALLES! Du wirst auf der Straße erkannt, du hast Fans. Du wirst von fremden Menschen angesprochen, die dich um ein Autogramm bitten oder mit dir ein Selfie machen möchten. Ein »Hey Mauro, alles klar bei dir?« irgendwo in der Kölner City ist auf einmal völlig normal. Daran musst du dich erst einmal gewöhnen, ehrlich. Aber da gewöhnst du dich gern dran, denn die meisten Menschen, die mein Leben durch den »Trödeltrupp« gekreuzt haben, haben es auch bereichert. Fans und Bewerber gleichermaßen. Und das sind keine leeren Worte. Hin und wieder schreibe ich auch über WhatsApp mit einigen meiner Fans, die ich inzwischen zu meinen Freunden zähle. Bei einem der Drehs hatte ich beispielsweise eine Wandhalterung für meinen Fernseher dabei, die gekürzt werden musste. Also habe ich die Jungs von den Stammhelfern angeschrieben, die bei fast jeder Sendung freiwillig mit anpacken. Die haben eine Flex mitgebracht und mir die Vorrichtung ruckzuck gekürzt. Das ist typisch für den »Trödeltrupp«, wir helfen uns gegenseitig.

Diese gegenseitige Hilfe, dieses Miteinander, diese Selbstverständlichkeit, mit anzupacken, ist der Grund, warum mir der »Trödeltrupp« so am Herzen liegt. Geld spielt bei jedem von uns eine untergeordnete Rolle. All die Fans, die uns tatkräftig unterstützen, machen dies unentgeltlich. Mehr noch: Sie zahlen sogar Sprit und Übernachtungen selbst. Wenn also auch ich dadurch helfen kann, dass die Leute sich einen Traum erfüllen oder ihre Schulden abbauen und so eine Nacht ruhiger schlafen können, dann mache ich das gerne. Und ebenso gern umsonst. Ich weiß, wie das ist, wenn man kein Geld hat.

Manche Schicksale, die ich beim »Trödeltrupp« erlebe, gehen mir noch wochenlang nach. Es stecken oft so traurige Geschichten dahinter, dass mir die Menschen einfach nur leidtun. Einmal hatte ein Familienvater massenhaft Trödel in einer Halle eingelagert. Leider war das meiste davon nichts als wertloser Schrott, und er hatte sich heillos übernommen. Nachdem wir der Familie trotzdem helfen konnten, weinte die sechsjährige Tochter vor Glück – und ich, das muss ich gestehen, weinte hemmungslos mit.

Materiell gesehen war mein tollster Fund ein Tresor voll mit Münzen und Schmuck, dessen Inhalt schließlich fast 10 000 Euro gebracht hat. Zuvor hatte die Familie ein Jahr lang verzweifelt den Schlüssel gesucht. Als ich in die Wohnung kam, habe ich ihn nach zwei Minuten gefunden. Er war in einer Engels-Figur versteckt. Das war ein magischer Moment.

Und das hat mir auch ein wenig von dem Druck genommen, Geld für die Familie erwirtschaften zu müssen.

Denn Geld zu verdienen ist natürlich das, worauf es beim Trödelgeschäft letztendlich ankommt. Ich bin davon überzeugt, dass die Nachfrage steigt, je nachdem, wie die Sachen präsentiert werden. Bevor es also ans Verkaufen geht, muss ausgeräumt und aufgeräumt werden. Man soll sich zwar nicht selbst loben, aber niemand lichtet ein Chaos schneller als ich. Wenn es sein muss, sorge ich dafür, dass ein völlig zugemüllter Hof innerhalb von 15 Minuten quasi besenrein ist. Wer mich kennt, der weiß, dass ich das mehr als einmal bewiesen habe. Erst sortieren, dann präsentieren. Gut dekoriert lässt sich tatsächlich alles verkaufen. Du musst auf die Leute zugehen, sie ansprechen und überzeugen. Dabei geht es nicht darum, andere übers Ohr zu hauen. Beide Parteien sollen nach dem Handel mit einem guten Gefühl nach Hause gehen. Als erfahrener Antiquitätenhändler hast du einen Blick für wertvolle Gegenstände und erkennst im Gegenzug auch Dinge, die getürkt sind – vorausgesetzt, du bist wachsam, was ich normalerweise bin. Dennoch ist es selbst mir einmal passiert, dass ich auf eine Fälschung hereingefallen bin. Ich habe eine Figur aus Meißner-Porzellan gekauft. Leider hat sich dann herausgestellt, dass es eine Kopie war. Somit hatte ich 450 Euro in den Sand gesetzt. Man muss schon höllisch aufpassen.

An manchen Tagen hast du eben Pech, an anderen Tagen Glück. Ich habe mir einen alten T1-VW-Bus gekauft, für den ich mir gerade die Restauration zusammenspare. Irgendwann mit diesem VW-Bus nach New York überzusetzen und die Ost-Küste der USA hinunterzufahren, das wäre mein Traum. »Bullis« wie dieser sind selten und teuer. Als ich meiner Schwester von dem Kauf erzählte, schaute sie mich nur fragend an und meinte: »Wieso nimmst du nicht Papas alten Bus?« In einer Scheune bei Cefalù steht nämlich tatsächlich noch ein T1-Bus, den ich von meinem Papa geerbt habe, aber von dem ich nichts wusste. Jetzt habe ich also gleich zwei Bullis, und das gleicht das Meißner-Porzellan-Pech tausendmal aus.

Noch steht der Bus meines Vaters bei meiner Familie auf Sizilien, und noch bin ich mit der Restauration meines ersten Busses nicht fertig, das wird noch eine Weile dauern. Aber vielleicht ist das ja auch gut so. Wenn sich alle Träume erfüllen, fühlt man sich schnell leer. Geld zu haben, bedeutet nämlich nicht automatisch, dass du glücklich bist. Im Gegenteil: Ich finde es oft traurig, wenn Leute in ihrem Leben gar keine Aufgabe mehr haben und für sie das einzige Problem darin besteht, was sie morgens anziehen sollen. Genau darum gehe ich selbst heute immer noch gern auf den Flohmarkt, auch wenn das frühe Aufstehen nicht wirklich Spaß macht. Aber Pflicht muss sein – da kommt der Preuße in mir durch. Verkaufen ist alles für mich, ich möchte die Menschen glücklich machen. Und dafür quäle ich mich gern aus dem Bett. Nach der ersten Tasse Kaffee ist dann alles wieder in Ordnung.

Otto, der Schrauber-Gott

Mein Name: Otto Schulte

Mein Trödel-Motto: Auf keinen Fall zu schnell aufgeben!

Meine Stärke: Bei Motoren macht mir keiner etwas vor

Wer wie ich aus dem Ruhrgebiet kommt – und ich bin ein echter Junge aus'm Pott –, der trägt sein Herz nun mal auf der Zunge. Um den heißen Brei herum redet bei uns niemand, wir sind sehr ehrlich und sehr direkt. Wenn du etwas gut machst, bekommst du ein aufrichtiges Schulterklopfen – und wenn nicht, ganz schnell den Kopf gewaschen. Diese offene Art schätze ich über alle Maßen. Wichtiger als diese unverblümte Ehrlichkeit ist bei uns im Pott tatsächlich nur noch eines: Zuverlässigkeit. Das ist das erste Bergmann-Gesetz. Du brauchst nicht gut Fußball spielen zu können, du brauchst kein Intellektueller zu sein. Aber wenn du nicht zuverlässig bist, kannst du quasi auswandern. Mit dieser Kultur bin ich groß geworden. Mein guter Ruf bedeutet mir darum sehr viel, und ich arbeite täglich hart daran, diesem Ruf gerecht zu werden. Gerade, weil mich die Menschen in meiner Heimat kennen. In »meinem« Essen. Geboren wurde ich hier am 25. Januar 1977. Und bis heute hat mich diese Stadt nicht losgelassen. Hier lebe ich mit meiner Familie, und hier arbeite ich als Experte für Trödel. Schrott ist Schrott, und ein Schatz ist ein Schatz. So einfach ist das.

Meine Trödel-Leidenschaft begann bereits in meiner Jugend. Als Teenager bin ich wahnsinnig gern zum Flohmarkt gefahren. Alte Sachen haben mich seit jeher interessiert. Wenn er erst mal »ausgebrochen« ist, bekommst du diesen Schatzjäger-Instinkt nicht mehr gebändigt. Um mein Taschengeld aufzubessern, habe ich schon damals alles, was der elterliche Keller hergab, auf dem Flohmarkt verkauft. Inklusive der teuren Werkzeuge meines Vaters. Auch wenn Letzteres zu Hause nicht ganz so gut ankam, hat mich diese Zeit geprägt und meinem Weg zum Trödelexperten die Richtung vorgegeben. Genauso wie meine Ausbildung als Altenpfleger.

Wer sich jetzt fragt, was ein Pflegedienst mit Trödel zu tun hat? Eine ganze Menge. In den Jahren, in denen ich als Altenpfleger bei einem ambulanten Pflegedienst tätig war, habe ich hautnah mitbekommen, wie die Angehörigen die Wohnungen unserer Patienten entrümpelt haben. Ich fand es unglaublich schade zu sehen, wie oft eigentlich noch brauchbare Sachen einfach so weggeschmissen wurden. Und ich fragte mich, was eigentlich mit den Haushalten geschieht, wenn Menschen ins Heim müssen oder gar sterben? Welche Lebensgeschichten stecken dahinter? Welche Schätze gibt es in den Kellern oder Scheunen zu entdecken?

Also fing ich an, mich darum zu kümmern, dass solche Funde nicht irrtümlich auf den Müll geworfen werden, sondern bei interessierten Käufern ein neues Zuhause finden – und sich die ehemaligen Besitzer über einen unerwarteten Gewinn freuen können. Schließlich kam mir die Idee, diese Leidenschaft zum Beruf und mich mit Haushaltsauflösungen und Entrümpelungen selbstständig zu machen. Das war 2001. Ein Jahr später eröffnete ich mit »Ottos Stöberlädchen« meinen ersten kleinen Trödelladen.

Das »Stöberlädchen« musste ich aus Zeitgründen leider aufgeben. Ein paar Lieblingsstücke aus dieser Zeit habe ich immer noch, zum Beispiel den Spazierstock, den mir mein Opa vererbt hat. Obwohl mir Gegenstände an sich nicht so viel bedeuten. Ich trage die Erinnerungen lieber im Herzen. Seit 2010 habe ich mich mit »Goldankauf Otto Schulte« im Essener Norden niedergelassen. Natürlich hilft mir die Prominenz dabei, dass der ein oder andere Neu-Kunde auf mich aufmerksam wird. Alles andere wäre gelogen. Aber ich möchte, dass sich die Menschen auch im wahren Leben bei mir in guten Händen wissen und nicht nur im Fernsehen. Ich sag nur: Bergmann-Gesetz!

Zudem war und ist meine TV-Karriere beim »Trödeltrupp« alles andere als selbstverständlich. Für mich war das komplettes Neuland. Ich muss gestehen, dass ich das anfangs auch gar nicht wollte. Ich fand mich selbst nicht kameratauglich, mochte mich im Fernsehen weder sehen

noch hören. So nervös war ich. Das Gute war, dass ich wusste, was ich tue – nämlich Trödel für den bestmöglichen Preis verkaufen. Das ist ja keine Schauspielerei, sondern meine tägliche Arbeit. Irgendwann habe ich die Kamera dann vergessen. Inzwischen habe ich mich daran gewöhnt, schaue mir ab und zu sogar alte Folgen von mir an. Das ist dann einfach ein bisschen so, als würde man ein Familienvideo von der letzten Geburtstagsfeier sehen – da kriegt auch so manch einer rote Wangen.

Wie sehr sich mein Leben durch den Bekanntheitsgrad verändern würde, hätte ich allerdings nicht gedacht. Erst kürzlich im Sommer wollte ich nachmittags etwas am Baggersee entspannen. Doch kaum war ich im Wasser, sind mir auf einmal 20 Leute hinterhergeschwommen! Ich weiß ja, dass die das nicht böse gemeint haben. Und ich finde es toll, wenn den Menschen unsere Sendung gefällt. Ich sage immer scherzhaft, dass mich nur an Karneval niemand erkennt. Aber diesen Preis (der nicht sehr hoch ist), zahle ich gern. Denn das, was mir der »Trödeltrupp« zurückgibt, ist so viel mehr wert als ein bisschen Anonymität.

Seit 2008 bin ich dabei. Langweilig wird es nie. Jeder Auftrag ist anders. Jeder Mensch, dem wir helfen, ist anders. Jede Wohnung erzählt ihre ganz eigene Geschichte. Viele vergessen, dass wir in gewisser Weise in die Privatsphäre der Leute eindringen müssen, um ihnen überhaupt helfen zu können. In solchen Momenten bin ich sehr dankbar für meine beiden Berufe. Als Altenpfleger habe ich gelernt, mich in die Menschen und deren Ängste und Sorgen hineinzufühlen. Der Haushaltsauflöser in mir dagegen bringt den nötigen emotionalen Abstand mit. Ich habe keine Probleme damit, Familien klar zu sagen, dass sie etwas wegschmeißen müssen – auch wenn sie auf Grund der Vergangenheit noch so sehr daran hängen. Aus manchen Dingen lässt sich nun mal kein Geld mehr rausholen. So bitter das sein mag. Ich erinnere mich da an ein, zwei Situationen, die nicht so toll waren. Aber man muss es auch so sehen: Die Leute, die so viele Dinge sammeln und ihr Haus zustellen, sind oftmals auch krank und brauchen Hilfe. Da kann es vorkommen, dass sie sich angegriffen fühlen und aggressiv werden. Das darf man ihnen aber nicht übelnehmen. Du musst dann einfach ganz locker bleiben und versuchen, eine Lösung zu finden. Und bis man mich aus der Ruhe bringt, muss einiges passieren! Denn die wichtigste Voraussetzung, um erfolgreich Trödel zu verkaufen, ist, sich erst einmal gemeinsam mit den Familien einen Überblick über die vorhandenen Dinge und deren möglichen Wert zu verschaffen. Als Nächstes werden die Sachen aussortiert, die verkauft werden können, und man überlegt, wo für den jeweiligen Gegenstand der optimale Abnehmer zu finden ist. Ist das geschafft, wird losgelegt. Aufgeben kommt dabei für mich niemals in Frage. Kämpfen um das, was einem etwas bedeutet, lohnt sich immer.

Wer glaubt, ich könne ja leicht reden, weil ich im Fernsehen auftrete, der irrt sich in diesem Punkt. Ich weiß ganz genau, was finanzielle Not bedeutet. Ich war gerade mal 24 Jahre alt, als ich mich selbstständig gemacht habe. Jeder Selbstständige kennt die anfängliche Durststrecke: Zu Beginn ist man über jeden Auftrag dankbar, der reinkommt. Leider stehen die Menschen ja nicht gleich Schlange. Da muss man schon ein bisschen was dafür tun, damit es läuft, und das ist anstrengend und hart. Es war eine Zeit in meinem Leben, in der ich stark kämpfen musste. Dennoch war das die beste Entscheidung, die ich jemals getroffen habe! Ich werde sie niemals bereuen. Ich gehöre zu den Menschen, die Dinge lieber selbst regeln. Ich habe auch angefangen, in Essen ein Haus zu bauen. Das hat einige Zeit gedauert, weil ich fast alles selber gemacht habe. Es fehlen nur noch ein paar Feinheiten.

Es gibt ein Sprichwort, das seit jeher mein Leben bestimmt: »Das Glück ist dem Tüchtigen!« Natürlich kannst du nicht alles beeinflussen, aber du kannst dir Chancen erarbeiten und dabei auf das Beste hoffen. Ich erinnere mich dabei an eine ganz besondere Geschichte beim »Trödeltrupp«. Das war, als ich einen 50 Jahre alten Porsche 911 gefunden habe. Der Besitzer hieß Bernd, und dessen großer Traum war es, Oldtimer zu restaurieren. Auf seinem Grundstück hatten sich im Laufe der Jahre neben 20 Autos auch Hunderte Autoteile, Werkzeuge, Trödel und Schrott angesammelt. Bernd war jemand, der zu jedem der Fahrzeuge eine Geschichte erzählen konnte: Sei es, dass er einen der beiden Porsche seiner Tochter zum 18. Geburtstag versprochen hat oder dass er mit dem Wohnwagen seinen ersten Familienurlaub am Gardasee verbrachte. Leider kosten Träume Geld und bei ihm hatten sich 20 000 Euro Schulden angehäuft. Der Rentner stand schon kurz vor der Zwangsversteigerung. Dann entdeckte ich eben diesen uralten Wagen in seiner Scheune, von dem nur noch Fragmente vorhanden gewesen waren. Ich sah sofort, dass es sich um ein sehr altes Exemplar

handelte – und möglicherweise um einen echten Schatz. Was für ein Auto ich genau vor mir hatte, wusste ich zu diesem Zeitpunkt noch nicht. Das haben uns erst die Experten vom Porsche-Museum Stuttgart verraten. Bernd war eigentlich von 5000 Euro ausgegangen, maximal. Ich hoffte auf mehr. Erzielt haben wir dann schließlich 107 000 Euro. Das war schon spektakulär! Der mit Abstand wertvollste Fund, den wir beim »Trödeltrupp« je gemacht haben. Dadurch waren mit einem Schlag all seine Sorgen weg.

Natürlich macht es einen stolz, so einen Schatz gefunden zu haben. Vor allem, weil ich mit Sükrü und Mauro eben unseren kleinen internen Wettbewerb laufen habe, wer den meisten Trödel verkauft. Doch für mich zählen auch andere Momente, die mit Geld gar nichts zu tun haben. Eines der schönsten Erlebnisse, beim »Trödeltrupp« hatte ich abends auf einer Autobahnraststätte. Ich wollte mir gerade einen Kaffee holen, weil ich total übermüdet vom Dreh zurück nach Hause fahren musste. Da sagte der Verkäufer: »Hey, ich schenk ihn dir, weil du eine so tolle Sendung machst.«

In so einem Moment weißt du, dass du alles richtig machst. Sowieso habe ich das Gefühl, dass wir die tollsten Fans der Welt haben. Ich bekomme tatsächlich jeden Tag über 100 E-Mails zugeschickt. Leider habe ich nicht die Möglichkeit, jede Nachricht zu beantworten. Auf Heiratsanträge (die bekomme ich tatsächlich!) reagiere ich nicht. Aber wenn es um etwas Ernstes geht, schreibe ich immer zurück.

Eine der häufigsten Fragen, die ich von unseren Fans gestellt bekomme, ist, warum ich bei so manchen Oldtimern denn nicht selbst zuschlage? Jeder, der mich kennt, der weiß, dass ich für mein Leben gern Motocross fahre und es liebe, an alten Autos herumzubasteln. Gerade bei dem Porsche-Fall hat mir anfangs das Herz geblutet. »Du armes Auto« ging mir da durch den Kopf. Natürlich passiert es (und nicht nur einmal), dass ich mich während einer Sendung in einen tollen Oldtimer oder in ein altes Motorrad verliebe. Natürlich juckt es mir in den Fingern, gleich loszuschrauben. Aber erst einmal habe ich zwischen Dreh, dem Gold-Ankauf und meiner Familie schlicht keine Zeit, mich darum zu kümmern. Außerdem lautet mein Auftrag ja, den bestmöglichen Preis zu erzielen. Ich kann in solchen Situationen schlecht mit mir selbst verhandeln.

Vielleicht sollte ich in so einem Fall bei meinen eigenen Kindern etwas Nachhilfe nehmen. Weil wir als Familie gern und oft über Flohmärkte bummeln, sind meine großen Kids längst zu richtigen Trödelexperten gereift. Bei unserem Urlaub in der Türkei – in diesem Land ist das Handeln beim Verkauf ja ganz wichtig – haben die türkischen Händler sogar die Hände über dem Kopf zusammengeschlagen, weil meine Kinder mit allen Wassern gewaschen sind. Da ist der Trödel-Papa stolz. Oder wie wir im Pott sagen: »Hömma! Da bisse vonne Socken!«

Sükrü, das Verhandlungs-Genie

Mein Name: Sükrü Pehlivan

Mein Trödel-Motto: Beim Verkauf den höchstmöglichen Preis rausholen

Meine Stärke: Das Handeln liegt mir im Blut!

Ursprünglich wollte ich Astronaut werden. Ich habe als Kind die Serie »Captain Future« geliebt und mir immer vorgestellt, mit einem Raumschiff durchs All zu reisen. »Captain Sükrü«, ja, das hätte mir gefallen. Doch wenn du mit vier Geschwistern aufwächst, dazu nur ein kleines Taschengeld bekommst, dann musst du schauen, wo du bleibst. Und vor allem musst du ganz schön sparen, um dir ein Raumschiff leisten zu können. Als kleiner Junge habe ich mir darum an der Straße meinen ersten kleinen Stand gebaut, um auf meiner Jacke kleine Autos zu verkaufen. Das Geld kam ins Sparschwein, oder ich habe mir etwas geleistet, das von meinem Taschengeld schlicht nicht zu bezahlen gewesen wäre. Not macht erfinderisch! Und durch das türkische Händler-Blut bin ich ziemlich erfinderisch, wenn es um den Verkauf von Trödel geht.

Für meine Trödel-Karriere war es das Beste, dass meine Eltern nach meiner Geburt zurück in die Türkei gegangen sind: Geboren bin ich am 18. Dezember 1972 zwar in Mönchengladbach (bis heute meine Lieblingsstadt), aber als ich sechs Monate alt war, zogen wir nach Sivas in Anatolien. Dort und in Istanbul bin ich aufgewachsen. Eine Zeit, die mich geprägt hat. Otto hat ja schon erzählt, dass das Handeln und Feilschen uns Türken mit in die Wiege gelegt wird. Einkaufen ist auf den typischen türkischen Bazaren weit mehr als bloß der Austausch von Ware gegen Geld. Kein echter Geschäftsmann würde darauf verzichten, den Preis in einer (mehr oder weniger langwierigen) Diskussion auszuhandeln. Wer etwas kaufen möchte, muss sich in der Verhandlungskunst üben, um einen guten Preis auszuhandeln – oder damit leben, hoffnungslos über den Tisch gezogen zu werden. Gerade Touristen denken häufig, dass sie ein gutes Geschäft machen, wenn sie den Preis auf die Hälfte herunterhandeln. Aber clevere Verkäufer haben genau das einkalkuliert und anfangs den dreifachen Preis verlangt.

Als ich sieben war, sind wir wieder nach Deutschland gezogen, wieder in den Westen Nordrhein-Westfalens, wieder nach Mönchengladbach. Mit Vorurteilen habe ich zum Glück nie zu kämpfen gehabt. Ich bin hier mit offenen Armen empfangen worden. Aber natürlich musste ich mich integrieren. Ich fühle mich als Deutscher, bei uns in der Familie wird immer nur deutsch gesprochen. Beruflich dagegen haben mich andere Sprachen interessiert, Computer-Sprachen genauer gesagt. Nach meiner Ausbildung zum Fachinformatiker war ich mehrere Jahre als Programmierer tätig. Ich hatte schon immer ein Faible für Technik, vielleicht wollte ich darum als Kind auch Astronaut werden.

Doch irgendwann begann meine Spürnase zu kribbeln. Es war die Zeit, als eBay bei uns einen wahren Kaufs- und Verkaufsboom auslöste. Ich wusste sofort: Auf diesen Zug muss du aufspringen, also eröffnete ich 2003 – als erster eBay-Agent in Deutschland – meine eigene eBay-Verkaufsagentur in Nordrhein-Westfalen. In einem Nebenraum der Verkaufsagentur stapelten sich die Waren. Alles habe ich verkauft: Staubsauger, Lampen, Kleidung, Computer, einmal sogar eine Flasche Portwein aus dem Jahr 1877. Damals wie heute gilt mein Geschäftsprinzip: »Beim Verkauf immer den höchstmöglichen Preis rausholen.« Dazu bedarf es natürlich jeder Menge Tricks. Eine Kommode sieht eben viel besser aus, wenn man sie vorher mit ein wenig Politur auf Hochglanz bringt. So kann das Möbelstück gleich viel erfolgreicher verkauft werden. Präsentation ist alles, da bin ich ganz Mauros Meinung, und eben darum gebe ich mir bei der Gestaltung besonders große Mühe.

Leider musste ich 2007 meine Agentur aus Zeitgründen schließen, auch wenn mein Herz daran hing. Seit 2010 habe ich einen eigenen Goldhandel in Mönchengladbach, und dazu gibt es natürlich unseren »Trödeltrupp«!

Eines muss ich betonen: Wir drei vom »Trödeltrupp« sind keine Schauspieler, wir sind Menschen, die bei der Arbeit gefilmt werden. Nicht mehr, nicht weniger. Natürlich wundern sich einige, dass wir so gut wie bei jedem unserer Bewerber etwas Wertvolles finden. Das aber ist kein Fake, sondern schlicht Erfahrung. Ich erkenne auf den ersten Blick, ob es sich nur um Trödel oder eben um echte »Schätzchen« handelt. Deshalb fragen mich auch immer wieder Kunden, Freunde und Bekannte um Rat, wenn sie etwas an den Mann bringen möchten. Es entscheiden nämlich nicht nur das Wissen um die Ware, sondern auch die richtigen Kontakte. Ich wähle jeden Händler gezielt nach der zu verkaufenden Ware aus. Nur so lässt sich der bestmögliche Gewinn erzielen.

Ich erinnere mich an eine Figur von George Minne, einem flämischen Künstler, die während einer Sendung verkauft werde sollte. Statt zum Flohmarkt bin ich mit ihr zu einem Auktionshaus gefahren und habe 2000 Euro eingenommen. Das meine ich damit: Nur wenn die richtige Ware zum richtigen Händler kommt, klingelt die Kasse.

Aber das ist eben auch das Wunderbare an unserer Sendung: Wir wissen nie, was uns erwartet. Die bis heute extremste Überraschung habe ich in Lübeck erlebt. Ich werde es nie vergessen: Wir haben eine Handgranate gefunden und mussten daraufhin die kompletten Dreharbeiten unterbrechen. Der Kampfmittelräumdienst rückte an, um die Handgranate abzutransportieren.

Der skurrilste Fund gelang mir mit Otto – nämlich sage und schreibe 80 000 Tesafilm-Rollen. Leider war die Garantie abgelaufen und die Rollen daher wertlos. Ein Verkauf? Unmöglich. Das war bitter.

Und dann gibt es noch die Fälle, in denen der Zufall ein Herz für den Trödel hat. Ich kann mich zum Beispiel daran erinnern, dass ich einmal über 17 000 Euro in einem alten Teppich gefunden habe. Die Frau

wusste, dass ihr an Alzheimer erkrankter Vater immer wieder Geld versteckt hatte. Wir haben das ganze Haus auf den Kopf gestellt. Sie hatte finanzielle Sorgen und war nach dem Fund überglücklich. Der höchste Bargeldfund war das allerdings nicht, der belief sich auf unglaubliche 35 500 Euro, versteckt in einem Aktenordner. Den meisten Menschen, die sich bei uns bewerben, geht es finanziell nicht so gut. Der Glücksmoment für diese Familien nach so einem Fund ist dann natürlich unglaublich. Ich gönne es ihnen von Herzen.

Natürlich werde ich von den Familien in erster Linie deswegen gerufen, um Geld mit dem Trödel zu erwirtschaften. Manchmal reicht es mir aber auch schon, wenn ich den Menschen anders helfen kann – indem ich sie aus der »Trödel-Gefangenschaft« befreie. Was ich damit meine: Viele hüten ihre alten Sachen wie ihren Augapfel. Und wenn ich ihnen sage, dass diese Dinge nichts wert sind, enttäusche ich sie vielleicht im ersten Moment. Viele danken mir aber auch später, weil sie einsehen, dass sich zum Beispiel ein familiärer Streit um ein Stück überhaupt nicht gelohnt hat – und man die ganze Sache jetzt ruhen lassen kann. Ich helfe den Menschen also entweder mit Geld oder mit der Wahrheit. In diesem Zusammenhang erzähle ich auch gern die Geschichte von einer älteren Dame, deren Mann in mehreren Scheunen einen Riesenberg Trödel angehäuft hatte. Darüber hatte er seine Familie vernachlässigt. Als alles geklärt, verstaut und verräumt war, war sie zu Tränen gerührt. Und nachdem ich ihr eine Autogrammkarte von mir gegeben hatte, sagte die Dame voller Dankbarkeit: »Wenn ich eines Tages sterbe, werde ich die mit ins Grab nehmen!« Da habe ich wohl wirklich etwas Gutes getan.

Viele vergessen, dass Trödel oft ein sensibles Thema ist. Vor allem, wenn es sich um die Sachen eines Verstorbenen handelt. Anfangs hat mich das sehr mitgenommen. Wenn noch alles genauso dasteht, als würde derjenige gleich zur Tür hereinkommen, die Familie sich buchstäblich an der Kleidung festhält und noch einmal daran riechen möchte ... Das sind schon sehr emotionale Momente. Besonders, wenn Kinder im Spiel sind, bedrückt mich das sehr. Ich wirke vielleicht nach außen hart, aber innerlich bin ich ganz weich. Dann stehe ich da und habe schwer damit zu kämpfen, meine Tränen zurückzuhalten.

Nach solchen Sendungen bin ich einfach nur froh, dass ich eine gesunde und glückliche Familie habe, mit meiner Frau, meinem Sohn und meiner Tochter. Meine Frau und ich sind seit 2001 verheiratet. Unser Sohn ist jetzt fast schon erwachsen, und unsere Tochter kommt langsam, aber sicher in die Pubertät. Natürlich bedeuten Kinder viel Trubel, aber sobald ich unterwegs beim Dreh bin, denke ich: Es wäre schön, wenn sie jetzt bei mir wären. Ich möchte wahrlich möglichst viel Zeit mit meinen Kindern verbringen. Die beiden sollen schöne Erinnerungen an ihre Kindheit haben. Denn diese Erinnerungen werden sie für immer in ihrem Gedächtnis tragen.

In stressigen Zeiten bin ich manchmal nur drei Tage die Woche zu Hause. Neben dem »Trödeltrupp« habe ich ja schließlich auch noch meinen Goldladen. Es ist gar nicht so einfach, alles unter einen Hut zu bringen.

Ja, ich bin ein Papa aus Leidenschaft und wenn ich sage, dass die Familie mein größter Schatz ist, dann meine ich das so. Dass ich auch ein treuer und sehr romantischer Familienvater bin, kann meine Frau spätestens nach meinem Heiratsantrag bestätigen. Wir waren in einem Restaurant, das ich extra für uns alleine gebucht hatte. Der Kellner brachte dann eine eigens für meine Frau entworfene Menü-Karte – da hat sie schon geahnt, dass im nächsten Moment etwas Besonderes passieren würde. Ich habe dann etwas unbeholfen versucht, ihr zu erklären, was ich von ihr möchte. Heiratsanträge sind schließlich Männersache. Sie war sehr gerührt und hat natürlich »Ja« gesagt. Im Endeffekt haben wir uns dann eine halbe Stunde darüber gefreut – und hinterher war alles so wie vorher.

In Interviews werde ich oft gefragt, ob ich Vorbilder habe oder ob es irgendwelche Personen gibt, denen ich nacheifere. Abgesehen von »Captain Future« gibt es tatsächlich keine Idole in meinem Leben. Meine Vorbilder sind die Menschen, die aus eigener Kraft ihre Ziele erreichen, die an ihre Träume glauben und diese Träume umsetzen. Die dabei an ihre Grenzen gehen, sei es emotional oder körperlich. Von Letzterem kann ich ein schmerzhaftes Liedchen singen. Trödeln ist alles andere als gut für den Rücken. Besonders, wenn man wie ich mit Mitte 20 einen Bandscheibenvorfall hatte. Noch heute spüre ich ein Zwicken an der Stelle. Mein Arzt hat mir damals geraten zu trainieren. Also bin ich regelmäßig ins Fitnessstudio gegangen, habe Fußball gespielt und Kampfsport betrieben. Heute reicht meine Freizeit gerade mal, um nach einem Dreh abends im Hotel zwischen Tür und Angel ein paar Liegestützen zu machen, damit ich anschließend ohne schlechtes Gewissen ein Kilo Fleisch essen kann. Ohne Fleisch geht es bei mir tatsächlich nicht. Auf eine einsame Insel würde ich vermutlich meinen geliebten Grill und eine Rinderherde mitnehmen. Spaß beiseite: Ich bin der festen Meinung, dass jeder für sein Glück selbst verantwortlich ist. Natürlich soll das nicht bedeuten, dass diejenigen, die vom Schicksal gebeutelt wurden, selbst schuld daran sind. Aber wer fleißig ist, hart arbeitet und sich dabei selbst treu bleibt, der kann es weit schaffen.

Manchmal führt der Weg vom Flohmarkt direkt ins Fernsehen. Bei uns beim »Trödeltrupp« ist es meist umgekehrt. Da geht's vom Fernsehen zum Flohmarkt. Aber das ist ein anderes Kapitel – beziehungsweise das nächste.

2

Flohmarkt-Tipps & -Tricks

Mythos Flohmarkt

So manch einer wird sich schon gefragt haben, was eigentlich den Reiz des Trödelns ausmacht. Als Verkäufer auf dem Flohmarkt hat es niemand leicht. Es ist ermüdend und anstrengend. Du kämpfst gegen Hitze, Kälte, Regen, Langeweile – und natürlich gegen die Konkurrenz.

Die Ausbeute dabei ist oft sehr mager, erst recht bei zu schlechtem oder zu gutem Wetter. In der Mittagshitze bei 35 Grad im Schatten haben Flohmärkte gegen Schwimmbäder nur sehr schlechte Karten. Von Schneeregen und Hagel mal ganz zu schweigen. Auch als Käufer sind die Besuche oft ernüchternd. Viel Ramsch ist dabei, von brauchbaren Schnäppchen oft keine Spur. Falls doch etwas entdeckt wird, scheitert es oftmals am Preis. Wer nämlich glaubt, dass alles auf dem Flohmarkt billig zu haben ist, der wird schnell eines Besseren belehrt. Schließlich fragt man sich am Ende des Tages bei dem einen oder anderen Teil, warum man es überhaupt gekauft hat. Klar, es hat nur 1,50 Euro gekostet. Doch gebraucht wird die Neuerwerbung eigentlich nicht ...

Und trotzdem – nicht nur wir lieben das Trödeln. Der Gang auf den Flohmarkt hat etwas von einer Schatzsuche, und so drängeln die »Schatz-Käufer« beim nächsten Flohmarkt-Termin wieder Seite an Seite durch die engen Gänge, vorbei an den überfüllten Ständen der »Schatz-Verkäufer«, stets mit hochgerecktem Hals und großen, neugierigen Augen. Das kann durchaus stressig sein. Was also macht den Flohmarkt trotzdem so attraktiv? Die Antworten sind so vielfältig wie die Gegenstände, die man auf dem Trödelmarkt finden kann.

Eines vorneweg: Trödel hat bei uns in Deutschland eine lange Tradition. Trödel ist Kult. Trödel ist eine Lebensweise. Laut Angaben der Fachzeitschrift »Trödler« gibt es bei uns jedes Jahr über 40 000 Flohmärkte, das sind rund 110 Märkte pro Tag! Über zwei Millionen Menschen leben mittlerweile sogar vom Geschäft mit dem Trödel – Tendenz steigend. Der erste Flohmarkt fand hierzulande 1967 in der Altstadt von Hannover unter der Regie des Aktionskünstlers Reinhard Schamuhn statt. Seit 1973 gibt es zudem den berühmten Berliner Trödelmarkt, der heute zu einem städtischen Wirtschaftsfaktor mit Millionenumsätzen geworden ist. »In Berlin geht das nicht«, hatte man damals Michael J. Wewerka geantwortet, als er 1972 im Gewerbeamt Charlottenburg eine Genehmigung für einen Trödelmarkt wie in Hannover erbat. Wewerka brachte damals den Sperrmüll von der Spree nach Niedersachsen, kam stets mit einem leeren Wagen und einem vollen Geldbeutel zurück.

Ein Jahr später bekam der Flohmarkt-König schließlich die Genehmigung. Der Rest ist Geschichte. Bereits Mitte der 1970er-Jahren wurden Flohmärkte in der ganzen Republik abgehalten. Manche Flohmärkte haben sich neben dem Berliner Markt am Mauerpark längst überregional einen Namen gemacht. Dazu zählen der Frankfurter Flohmarkt am Mainufer, der Trempelmarkt in Nürnberg, der Vohwinkeler Flohmarkt in Wuppertal oder auch der Naschmarkt in Wien.

Der Trend hat sich bis heute kaum geändert. 10 Prozent der Bevölkerung, also rund acht Millionen Deutsche, gehen zwei bis drei Mal pro Monat auf den Flohmarkt. Dabei ist der Trödelmarkt gar keine deutsche Erfindung, sondern fand seinen Ursprung bei unseren französischen Nachbarn.

Es gibt zwei Legenden darüber, wie die Märkte einst in Frankreich entstanden sind. Die erste Überlieferung geht auf die Lumpenhändler im alten Paris zurück. Im späten Mittelalter wurde die Kleidung der oberen Zehntausend an Straßenhändler veräußert, die ihre Ware wiederum auf kleinen Märkten an das einfache Volk weiterverkauften. Da es mit der Hygiene damals nicht so genau genommen wurde und die Menschen von allerlei Ungeziefer geplagt wurden, machten es sich häufig Flöhe in der abgelegten Kleidung gemütlich. Mit dem Kauf eines »neuen« Kleidungsstückes wurde man nicht selten stolzer Besitzer einer kompletten Flohfamilie. Mama Floh, Papa Floh, Junior Floh samt hüpfender Verwandtschaft. Als Paris im Jahr 1890 von einer besonders großen Flohplage heimgesucht wurde, verbannte die Stadtverwaltung die Lumpenhändler schließlich an den Stadtrand.

Die zweite Überlieferung über die Entstehung der Flohmärkte geht auf eine andere Begebenheit zurück. Wie erzählt wurde, war 1880 ein unbekannter Mann durch die Straßen von

Paris unterwegs. Angesichts der unzähligen Stände, der herumwuselnden Menschen und des vielen Trödels, der auf den Straßen angeboten wurde, rief er: »Das sieht ja aus wie auf dem Markt der Flöhe!« Voilà, der Flohmarkt war geboren. Tatsächlich stammt der Begriff aus dem Französischen, denn dort heißt der Trödelmarkt schlicht »Marché aux Puces«, was übersetzt nichts anderes heißt als »Flohmarkt«.

Aller Flöhe zum Trotz: Um 1900 wandelten sich das Image und die Trödelmärkte. Weil sich die Märkte immer größerer Beliebtheit erfreuten, wurden den Trödlern 1885 von der Pariser Stadtverwaltung schließlich feste Plätze zugewiesen, darunter der »Les Puces de Paris Saint-Quen«, der bis heute zu den größten Flohmärkten seiner Art zählt. Seit dieser Zeit gehören Flohmärkte zum städtischen Flair und prägen vielerorts das Straßenbild. Neben Frankreich gilt ebenso Belgien als Ursprungsland der Flohmärkte. Die Märkte der »brocanteurs« (Trödler) gaben dabei den Startschuss. Den täglichen Trödelmarkt auf dem Place du Jeu de Balle gibt es bereits seit 1873. Er wird nach wie vor im einstigen Armenviertel Brüssels, den Marollen, ausgerichtet.

Zurück zur Faszination der Flohmärkte. Was steckt dahinter?

Worin liegt die andauernde, bereits über ein Jahrhundert währende Begeisterung für den Floh- und Trödelmarkt? Weil es einer modernen Schatzsuche gleicht. Weil es den antiken Jäger und Sammler in uns wieder auferstehen lässt. Wo sonst können wir zwischen Tausenden von Gegenständen nach unserem ganz persönlichen Juwel »jagen«. Außerdem sind Trödelmärkte wie eine kostenlose, romantische Zeitreise zurück zu den Ursprüngen des Handels. Wie einst auf dem mittelalterlichen Wochenmarkt kommt es hier zu einem direkten Austausch zwischen Händler und Käufer. Die Ware kann unmittelbar begutachtet werden, und Handeln ist hier im Gegensatz zum normalen Laden nicht die Ausnahme, sondern die Regel. Beim Feilschen um den Preis kommt das älteste Marktprinzip der Welt zum Einsatz: Angebot und Nachfrage. Es ist wie ein Spiel um das beste Schnäppchen, und Spielen macht Spaß.

Viele Flohmarktfans grenzen sich dabei bewusst von der allgemeinen Konsum- und Kaufhauskultur ab. Sie ziehen Gegenstände vor, die eine Geschichte, eine individuelle Note haben. Für sie ist der Flohmarkt das Gegenteil zur Wegwerfkultur, die kategorisch abgelehnt wird. Entstanden ist diese Geisteshaltung aus der Ökobewegung der 1970er- und 1980er-Jahre: »Recycling« hieß damals das große Stichwort. Die auf dem Flohmarkt erstandenen Dinge waren nicht nur günstiger, sondern auch ökologisch gut vertretbar. Was heute für viele Käufer vielleicht noch wichtiger ist: Sie ermöglichen einen individuellen und originellen Lifestyle.

Auch einsame Single-Herzen zieht es auf den Flohmarkt. Bei ihnen steht allerdings weniger die Ware im Fokus, oftmals gilt das Interesse vielmehr der Verkäuferin oder dem Verkäufer dahinter. Glaubt man den Umfragen von Dating-Portalen, gelten Flohmärkte als Geheim-Tipp für alle Solisten. Tatsächlich ist die entspannte Atmosphäre ideal zum Flirten. Die meisten haben an diesen Tagen frei, haben somit keinen Terminstress und daher Zeit. Wenn dann noch die Sonne scheint, ist der relaxte Tag perfekt, um mit netten Menschen zu plaudern. In einem Café jemand Fremdes anzusprechen, ist eine Herausforderung, auf dem Flohmarkt dagegen ein Kinderspiel. Ein kurzes »Warum willst du denn diesen tollen Hocker verkaufen« ist ein super Eisbrecher. Außerdem lässt sich so schnell herausbekommen, ob das »Objekt der Begierde« noch zu haben ist. Wer dann noch ein charmantes »Ich gebe dir zehn Euro für den Hocker und lege noch eine Tasse Kaffee obendrauf« auf den Lippen hat, ist schon mittendrin – im Flirten.

Wer wie wir regelmäßig auf dem Flohmarkt ist, der weiß, dass jede Tageszeit auf dem Trödelmarkt ihr ganz spezielles Publikum anzieht. Wir unterscheiden die Flohmarkt-Gänger in Jäger, Sammler und Flaneure. Die Jäger sind ganz klar die »Early Birds« auf den Märkten. Frühes Aufstehen ist für sie kein Hindernis: Sie warten bereits um 5 Uhr morgens, wenn die ersten Verkäufer kommen, und können es kaum erwarten, bis alle Waren ausgepackt sind. Die zweite Gruppe, die sich zeitig auf den Weg macht, sind die Sammler. Sie sind meist auf bestimmte Objekte spezialisiert. Mit fachmännischem Blick eilen sie durch die Reihen und machen schnell die Stände aus, die für ihr Sammelgebiet von Interesse sind. Jetzt wird gefeilscht, was das Zeug hält: Ob Porzellan, Blechspielzeug oder Möbel – der Sammler kennt die Preise für die Objekte seiner Begierde ziemlich genau. Für ihn sind dabei Spezialmärkte von noch größerer Bedeutung als der gemeine Flohmarkt. Auf diesen Spezialmärkten ist das Angebot konsequent auf ein bestimmtes Zielpublikum ausgerichtet. Hierbei reicht das Spektrum von Antiquitäten- und Antikmärkten, über Briefmarken- und Münzbörsen, Computer- und Musikbasare bis zu speziellen Flohmärkten für Kindersachen. Nicht nur die Flohmarktszene ist dadurch gewachsen. Auch die Anzahl der Händler, die sich auf eine Warengruppe spezialisiert haben und hauptberuflich vom Handel mit dem Trödel leben, ist gestiegen.

Zuletzt kommen die Leute, die einfach nur aus Spaß über den Trödelmarkt flanieren wollen. Sie genießen das Flair, bestaunen das bunte Treiben, treffen auf nette Menschen und kaufen das eine oder andere Souvenir.

Eine Sache allerdings wird von eingefleischten Flohmarktfans zunehmend bemängelt: dass das Trödelvergnügen immer öfter auch durch das erweiterte Angebot von Neuwaren getrübt wird. Das Problem ist, dass viele der Trödler, insbesondere Antiquitätenhändler, früher einen eigenen Laden hatten, wo sie ihre Ware anbieten konnten. In Zeiten der Wirtschaftskrise sind einige schlicht nicht mehr in der Lage, ihre Geschäftsmieten zu zahlen. Diese Händler sind jetzt darauf angewiesen, ihr ganzes Einkommen auf den Flohmärkten zu verdienen. Dazu kommt, dass viele Veranstalter auch billige Neuwaren »made in China« auf den traditionellen Flohmärkten zulassen. Das lockt zwar neue Kunden an und steigert den Umsatz, vergrault aber oft die alteingesessenen Verkäufer.

Ist das Internet ein Flohmarkt-Konkurrent? Nein! Obwohl die Online-Branche boomt, stehen sich die traditionellen und die virtuellen Flohmärkte nicht im Wege. Im Gegenteil: Sie ergänzen sich sogar. Flohmarktfans, die das reale Sinn-Erlebnis suchen, gehen weiterhin auf den wöchentlichen Trödelmarkt. Denn im Internet fehlt das unmittelbare Erleben: das typische und quirlige Flohmarktflair, das Feilschen, das »Jagen«. Dagegen hat das Bummeln per Mausklick den Vorteil, dass man gezielter nach bestimmten Waren Ausschau halten und Preisvergleiche ziehen kann. Insbesondere bei Markenartikeln oder teuren, schwer zu transportierenden Raritäten leisten die Online-Märkte gute Dienste.

Eines ist klar: Solange wir den Sammler in uns hegen und pflegen, wird es Flohmärkte geben – ob digital oder analog. Für Waren-Nachschub ist gesorgt: Wir Deutschen sind nämlich die Weltmeister im Horten von Gegenständen, die wir eigentlich gar nicht brauchen. Im Schnitt liegen in unseren Haushalten vergessene Gegenstände im Wert von 1040 Euro. Laut einer Umfrage der Flohmarkt-App »Shpock« gaben 82 Prozent der Befragten an, dass sie viele Sachen seit Jahren nicht mehr benutzen und auch nicht mehr benutzen werden. Am meisten sammeln die Menschen der Studie nach in Baden-Württemberg. Trödel im Wert von 1305 Euro lagert dort im Schnitt in den Schränken. In Hessen, Rheinland-Pfalz und dem Saarland bunkern die Leute hingegen am wenigsten. Dort sind potenziell »nur« 865 Euro aus Spielzeug und Co. herauszuholen. Die Rangliste der ungenutzten Gegenstände führen Bücher (44 Prozent) an, dicht gefolgt von Kleidung (40 Prozent). Aber auch alte Spiele, Filme, Accessoires und Möbel bleiben laut Studie häufig ungenutzt. Ebenso Kinder- und Babysachen, die unberührt in Kartons und Säcken lagern, wenn die Kleinen erst einmal groß sind. Das macht 18 Prozent der Flohmarkt-Ware aus. Alles Trödel, den es möglichst teuer zu verkaufen gilt!

Ein Korb, drei Kisten, alles aussortiert

Fast jeder hat Dinge auf seinem Dachboden oder irgendwo im Schrank, die etwas von uns wollen: Reparier mich! Lies mich! Verwende mich mal wieder! Und wenn nicht – dann verkaufe mich! Oder miste mich endlich aus!

Es sind Dinge, die längst nichts mehr nutzen, uns aber permanent ein schlechtes Gewissen bescheren: Weil sie eine stille Aufforderung sind – und uns auf diese Weise unbewusst jede Menge Energie rauben, statt positiv zu unserem Alltag beizutragen. Daher gilt: Entrümpeln befreit! Es befreit nicht nur unsere Wohnung, sondern tatsächlich auch unsere Seele. Jeder, der schon mal erfolgreich ausgemistet hat und schließlich voller Stolz und Genugtuung vor den leeren Schränken und gleichzeitig vor den gefüllten Kartons stand, kennt dieses triumphierende und ebenso befreiende Gefühl.

Ursprünglich kommt die Bedeutung des Wortes »ausmisten« natürlich davon, den Kuh- oder Schweinestall von Mist zu säubern. Einen Stall haben die wenigsten von uns, dafür überquellende Schubladen, überfüllte Schränke und überladene Kellerräume. Doch wie lässt sich dieses Chaos am effektivsten bekämpfen?

Die wichtigste Regel ist, niemals unter Zeitdruck auszumisten. Am besten ist, das Entrümpeln auf einen Tag zu legen, an dem keine anderen Termine anstehen. An dem es also egal ist, ob es eine Stunde länger dauert. Hektik führt hier nur zu Frust. Um in die richtige Stimmung zu kommen, hilft zuerst einmal motivierende Gute-Laune-Musik. In einer Wohlfühl-Atmosphäre räumt es sich doch gleich viel leichter aus. Also Playlist an, Boxen aufdrehen und Vollgas. Ob zu zweit oder alleine entrümpelt werden sollte, ist dagegen reine Geschmackssache. Manchen fällt es leichter, wenn sie sich dem Schubladen-Wirrwarr alleine widmen, weil dann niemand da ist, der einem reinredet oder ablenkt oder gar streitet, ob dies oder das jetzt weggeworfen werden solle oder nicht. Andere wiederum machen daraus ein gemütliches Sonntags-Event, genießen die Zeit zu zweit und stacheln sich gegenseitig zum Weitermachen an. Ein Richtig oder Falsch gibt es nicht. Wer allerdings eher zu den Eigenbrödlern gehört, sollte die Gruppendynamik vermeiden. Sonst fliegen nicht nur die Gegenstände raus, sondern schnell auch die Fetzen zwischen den Entrümplern. Letztere fliegen übrigens auch, wenn wir etwas aussortieren, das gar nicht uns gehört – sondern unserem Partner. Es ist ein lustiges Phänomen, dass wir bei Dingen, die uns nicht gehören, regelrechte Rekordzeiten beim Ausmisten aufstellen könnten. Schublade auf, alles raus, Schublade zu. Fertig! Dazu ein kleiner Kommentar wie: »Stell dich nicht so an, das hast du schon seit Jahren nicht mehr benutzt. Das vermisst du doch gar nicht.« Wie dumm nur, dass der Trennungsschmerz bei Dingen, an denen unser eigenes Herz hängt, umso größer ist. Und wehe, jemand vergreift sich ungefragt an unserer Schublade. Dann herrscht Krempel-Krieg.

Zurück zum Ausmisten. Der berühmte Maler und Architekt William Morris hat mal gesagt: »Habe nichts in deinem Haus, von dem du nicht glaubst, dass es nützlich oder schön ist.« Andersherum formuliert heißt das, dass alles, was eben nicht schön oder nützlich ist, aussortiert gehört. So klappt's garantiert:

Die Ein-Korb-Methode

Manche Experten des Minimalismus-Trends empfehlen, an jedem einzelnen Tag genau einen einzigen Gegenstand zu entsorgen. Das mag in der Theorie wunderbar klingen und ist sicherlich eine hervorragende Übung, um zu lernen, sich von Dingen zu trennen. Alltagstauglich allerdings ist diese Methode nicht gerade. Wer will schon zwei Jahre damit verbringen, einen überfüllten Keller auszumisten. Sinnvoller ist da die Ein-Korb-Methode. Diese Vorgehensweise ist denkbar einfach: Man schnappt sich einen Wäschekorb, geht damit durch die Wohnung und sammelt alles Unnötige ein. Das Tagespensum ist erreicht, sobald der Korb voll ist. Ob man sich dabei von Raum zu Raum durchforstet oder gleich die komplette Wohnung in Angriff genommen werden sollte, ist egal. Hauptsache, der Korb wird voll. Die aussortierten Dinge werden im Idealfall verkauft oder verschenkt – so hat das »Rückwärts-Shoppen« nicht nur einen befreienden Effekt, sondern tut auch anderen oder dem eigenen Geldbeutel gut.

Die Kleiderbügel-Methode

Zugegeben, diese Art des Ausmistens dauert etwas länger – dafür ist sie sehr lehrreich. Und es zeigt sich, ob Frauen (und auch wir Männer) wirklich nichts zum Anziehen in unseren Schränken haben: Dazu müssen wir einfach nur alle Klamotten falsch herum auf die Kleiderbügel hängen oder falsch herum in den Schrank einsortieren. Alles, was getragen wird, hängen wir danach richtig rum auf. Aber: Alle nicht umgedrehten und somit nicht getragenen Kleider werden nach Ablauf eines Jahres aus dem Schrank genommen und in die Altkleidersammlung gegeben, verschenkt oder verkauft.

Die Vier-Kisten-Methode

Das beste Gefühl fürs Sortieren, Einordnen und Ausmisten stellt sich ein, wenn man Schublade für Schublade und Schrank für Schrank vorgeht. Um die Übersicht zu erleichtern, bietet sich unserer Meinung nach das Vier-Kisten-System an. Alles, was es dazu braucht, sind vier Kartons oder vier Müllsäcke. Danach stellt man sich beim Ausmisten jedes einzelnen Stückes folgende Fragen: Ist es noch benutzbar? Möchte ich es behalten? Oder kann das weg?

In die erste Kiste kommt alles, was einem lieb und teuer ist. In dieser »Behalten-Kiste« finden all jene Dinge ihren Platz, die zwar nicht ständig, aber doch regelmäßig benötigt werden, wie etwa Weihnachts-Deko, die Glasbowle aus Kristall oder das Fondue-Set. Auch Tagebücher, alte Liebesbriefe oder das Ticket für das erste Rock-Konzert müssen unbedingt hier herein. Aber ehrlich sein! Die »Behalten«-Kiste ist wie eine kleine Schatz-Kiste. Trödel hat hier nichts verloren.

Die zweite Kiste ist schließlich die »Trödel«-Kiste. Hier kommt alles herein, was wir selbst zwar nicht mehr brauchen, was aber auch viel zu gut erhalten ist, um weggeworfen zu werden. Das können Baby-Klamotten sein, ausgedientes Spielzeug, gelesene Bücher, CDs oder Sachen, die uns einfach nicht mehr gefallen. Ob wir diese Dinge dann verschenken oder gewinnbringend verkaufen (dazu mehr im nächsten Kapitel), spielt jetzt noch keine Rolle.

Kiste Nummer drei ist die »Müll«-Kiste. Der Name ist Programm:

Ob alte Prospekte, zerschlissene Hosen, ausgelatschte Schuhe oder die Tasse mit dem abgebrochenen Henkel – alles rein damit. Ohne Wenn und Aber.

Für Unentschlossene und all jene, die sich mit dem Entrümpeln noch ein bisschen schwertun, empfehlen wir Kiste Nummer vier: die »Vielleicht«-Kiste. Hier darf alles rein, bei dem wir unsicher sind, ob wir es noch brauchen – oder eben nicht. Diese Kiste sollte nach einem halben Jahr erneut durchgesehen werden. Alle Dinge, die nicht vermisst wurden, die nach einem Diebstahl nicht wieder angeschafft werden würden oder von denen man nicht einmal mehr weiß, dass man sie überhaupt besitzt, sollten jetzt endgültig in Kiste zwei oder drei landen.

Das »One in, one out«-Prinzip

Zu guter Letzt gibt es noch einen Tipp, der verhindern soll, dass wir eines Tages überhaupt vor einem überfüllten Schrank stehen müssen. Die Rede ist vom »One in, one out«-Prinzip. Die Idee dahinter ist einfach. Wird ein neues Teil angeschafft, trennt man sich von einem alten Teil. Eins rein, eins raus. Der neue Dosenöffner funktioniert besser als der alte? Dann weg mit dem bisherigen Modell. Eine neue Jeans wird gekauft? Dann trennt man sich von einer anderen. Alles Trödel, den es möglichst teuer zu verkaufen gilt.

Wie verkaufe ich am besten?

Geiz ist geil? Das Motto kennen wir alle. Wenn allerdings irgendwo ein Preisschild hängt, scheinen wir diese Einstellung völlig zu vergessen. Deutschland ist ein Fest-Preis-Land. Überall auf der Welt, besonders im Orient, wird um jeden Cent hart und lange gefeilscht. Motto: Warum soll man für eine Tasche 35 Euro bezahlen, wenn man sie auch für 25 Euro bekommen kann? Nur bei uns in Deutschland handelt niemand. Der Pullover kostet 69,90 Euro? Dann ist das eben so. Für die Mikrowelle werden 120 Euro verlangt? Dann müssen wir diesen Preis wohl oder übel bezahlen. Falsch! Seit 2001 ist bei uns das Rabatt-Gesetz geändert worden. Das heißt, dass jeder Händler jederzeit einen Preisnachlass gewähren darf, und das nicht nur im Sommer- und im Winterschluss-Verkauf. Im Umkehrschluss heißt das aber auch, dass wir immer und überall handeln dürfen, ob im Media-Markt, bei Intersport oder bei C&A. Allerdings nutzen diese Möglichkeit nur die wenigsten. Die einzige Ausnahme ist nach wie vor der Flohmarkt. Hier geht es den Käufern seit jeher um den niedrigsten Preis. Und genau deswegen muss man auch als Verkäufer jede Menge Verhandlungsgeschick an den Tag legen.

Die oberste Grundregel lautet: Alles lässt sich verkaufen. Dabei ist es kein Zufall, dass clevere Händler regelmäßig höheren Umsatz verbuchen als andere. Mit hochwertigeren Produkten hat das allerdings nichts zu tun, viel mehr mit dem Wissen, wie was wann und wo verkauft werden muss. Und einen Geheim-Tipp haben wir auch noch parat:

Der frühe Vogel fängt den Wurm

Dieser Spruch gilt sowohl für den Händler als auch für den Käufer: Auf dem Flohmarkt werden in den ersten Stunden die besten Geschäfte gemacht. Sowohl interessierte Käufer als auch clevere Verkäufer feilschen hier bereits drauf los, noch bevor der Stand überhaupt aufgebaut ist. Hier gilt es: Nerven und Überblick bewahren. Bloß nicht überrumpeln lassen. Dazu gehört natürlich auch die Organisation und Aufbereitung des Trödels – und das nicht erst am Vorabend.

Auf den Platz kommt es an

Lage, Lage, Lage. Gerade als Neuling weiß man am Trödeltag gar nicht, wie einem geschieht: Vor Ort wird man mit etwas Pech einfach ans Ende des Flohmarkts verfrachtet, obwohl ein zentraler Standort ausgemacht war. Bloß nicht auf Kompromisse einlassen und sich frühzeitig um einen möglichst günstigen Standort kümmern. In geschlossenen Räumen sind Plätze direkt an der Eingangstür nicht immer die beste Wahl. Die Leute wollen nicht kaufwütig und gierig daherkommen, und kaufen nicht beim erstbesten Stand. Zudem herrscht am Eingang Gedrängel und es zieht. Unser Tipp daher: Am besten persönlich mit dem »Platzwart« sprechen und einen Verkaufsplatz dort ergattern, wo Besucher mehrmals vorbeikommen.

Blickfang schaffen

Ja, das Auge shoppt mit. Die Raritäten sollten herausgeputzt und hergerichtet sein. Eine kleine Auffrischungskur hat optisch noch keinem geschadet. Wer das geerbte Besteck poliert oder die getragene Kleidung gewaschen und gebügelt anbietet, verkauft in der Regel besser und teurer. Es mag verrückt klingen, aber mit einem besonders ausgefallenen Gegenstand locken wir schnell neugierige Blicke an unseren Stand. Um in der Flut von Tischen und Angeboten zu bestehen, hilft ein Kuriosum oder eine echte Rarität, die uns von unseren Konkurrenten unterscheidet. Dann fällt der Blick der Kunden vielleicht auch auf ein weniger schönes Stück. Auch funkelnde Sachen sind immer gut. Gegenstände aus Silber oder Schmuck sollten vorn auf dem Verkaufstisch platziert werden, allerdings so, dass sie vor potentiellen Dieben geschützt werden. Bei Schmuck empfehlen sich zum Beispiel kleine Glaskästen.

Gut sortiert, ist halb verkauft

Die besten Chancen auf dem Flohmarkt haben wir, wenn wir unser Angebot übersichtlich und thematisch passend aufbauen. Bücher auf die eine Seite, Kleidung auf die andere. Schmuck in die Mitte. Ein wildes Durcheinander hilft keinem und schreckt im Zweifelsfall die Kunden eher ab. Unserer Erfahrung nach sollte der Trödel ansprechend präsentiert werden, am besten auf einem Tisch mit einer einfarbigen, schlichten Tischdecke. Muster lenken ab. Die Trödelware sollte so aufgebaut werden, dass große Gegenstände aus Käufersicht hinten liegen und kleinere vorn. Wichtig ist auch, genügend Platz zwischen den einzelnen Stücken zu lassen, sonst wirkt der Tisch zu überladen.

Wühlkisten aufstellen

Ein Karton auf dem Boden mit einem riesigen Schild: »Jedes Teil nur 50 Cent« wirkt wahre Wunder. Das lockt Kundschaft und kurbelt das Geschäft an.

Preise kennen!

Nichts ist schlimmer, als auf die Frage nach dem Preis mit Folgendem zu antworten: »Ja, also weißt du, die Jacke war ziemlich teuer! Und ich hab´s eigentlich auch nur einmal getragen ... Ach und die Knöpfe sind sogar handgemacht. Also vielleicht ... 8 Euro?« Mit so einem fragenden Blick wird das leider nichts. Wenn wir beim Flohmarktverkauf erfolgreich sein wollen, dann müssen wir von unserem Preis – vor allem von unserem Produkt – überzeugt sein. Keine Rechtfertigungen! Wir empfehlen, sich vorher über die Preise zu informieren. »Die Lampe hat 120 Euro gekostet, sie ist zwei Jahre alt. Für 40 Euro ist es deine, und das ist sie auch wert!«

Handeln nicht vergessen

Deswegen sind wir doch auf dem Flohmarkt, weil wir handeln wollen, weil wir ein Schnäppchen ergattern wollen. Feilschen gehört zum Verkauf dazu. Sätze wie »Am Preis ist nichts zu rütteln«, entpuppen sich als Eigentor. Schließlich wollen wir mehr verkaufen, als der Kunde kaufen will. Es lohnt sich also, mit einem potenziellen Kunden zu verhandeln. Am besten ist, den Kunden die Ware anfassen zu lassen. Oder auch einen Mengenrabatt zu gewähren. »Die DVDs sind super, oder? Eine DVD kostet 4 Euro, aber ich würde dir drei Stück für 10 Euro geben.« Der Käufer soll ja auch das Gefühl haben, ein Schnäppchen gemacht zu haben. Wichtig ist aber in jedem Fall, sich vorher klarzumachen, wie viel man für die Ware am Ende haben will.

Schmerzgrenze austesten

Bevor wir etwas verkaufen, sollten wir überlegen, was wir mindestens dafür haben wollen. Wichtig ist, bei der Preisskala in beide Richtungen zu denken. Bei welchem Betrag ist meine Schmerzgrenze erreicht? Ab welcher Summe habe ich gut verdient? Bei jedem einzelnen Stück gehen wir die Gewinnspanne durch. Dann ist es leichter zu feilschen.

Wechselgeld parat haben

Große Geldscheine haben auf einem Trödelmarkt nichts verloren. Gerade wenn man früh dran ist, haben viele Händler noch nicht so viel Wechselgeld dabei, und wenn man da mit einem 200-Euro-Schein aufschlägt, kann es eng werden. Umgekehrt ist es leichter, mit einem 5-Euro-Schein um eine DVD zu feilschen als mit einem 50-Euro-Schein. Nicht vergessen: Das Geld stets direkt am Körper tragen. Wie überall, sind auch auf Flohmärkten Langfinger unterwegs.

Service-Gedanke ernst nehmen

Auch wenn wir auf einem Trödelmarkt sind, sollten wir Kundenfreundlichkeit großschreiben. Wie immer ist auch hier die goldene Mitte zu empfehlen: Zuvorkommend sein, ohne aufdringlich zu wirken. Wer clever ist, bietet kostenloses Einpackmaterial (Zeitungen, Papiertüten) an. Gerade bei zerbrechlichen Gegenständen wie Porzellan oder Glas sind die Kunden dafür dankbar.

Und: Wer Jute-Taschen gleich mitverkauft, hat bei Spontan-Käufern die besten Karten.

Schluss-Verkauf

Keine Lust, den ganzen Trödel wieder einzupacken und mit nach Hause zu nehmen? Dann empfiehlt sich, eine Stunde vor Flohmarkt-Ende mit dem Schluss-Verkauf zu starten, etwa indem man alles für die Hälfte anbietet. Ein super Tipp ist es, einen roten Helium-Luftballon aufzuhängen, auf dem steht: »Jetzt alles zum halben Preis!«

Auf Bequemlichkeit achten

Eines ist klar: Verkäufer, die aktiv und freundlich vor ihrem Stand stehen, wirken präsenter und machen deutlich mehr Umsatz. Nichtsdestotrotz kann so ein Flohmarkt-Tag lang und anstrengend werden. Daher: eine Sitzgelegenheit mitbringen. Das können Campingstühle sein oder eine Bierbank. Genauso wichtig ist die Verpflegung: Ganz ohne Essen und Trinken steht man einen Flohmarkt-Tag nicht durch. Was man ebenfalls gut gebrauchen kann: Taschenrechner, Tesa, Schere, Stifte, Schilder, Metermaß. Wir haben auch noch immer einen extra Akku für die Handys dabei und ein Radio, um etwas Musik zu hören. Das hilft nicht nur gegen die Langeweile, sondern sorgt für eine freundliche Atmosphäre.

Wettervorbereitungen

Klar, den Wetterbericht haben die meisten gecheckt, bevor es in Richtung Flohmarkt geht. Aber was, wenn doch ein spontaner Regenguss kommt? Am besten eine Plane oder zur Not eine Picknick-Decke mit Aluseite zum Schutz der Sachen mitnehmen. Genauso sollte man im Sommer Sonnenmilch und -schirm nicht vergessen, man hält sich ja doch ein paar Stündchen auf dem Gelände auf. Tipp der Trödelprofis: Ein Easy-up-Zelt mitnehmen. Ist in wenigen Minuten aufgebaut.

In einer Gruppe kommen

Gemeinsam ist man bekanntlich weniger einsam, das gilt auch auf dem Flohmarkt. Und weil man Spaß am besten unter Freunden hat, verkauft man am besten gleich zusammen. Ist mal Flaute am Stand, versprühen wir so trotzdem gute Laune, und schwupp, locken wir wieder neue Leute an. Und falls doch keiner kommt, haben wir trotzdem einen schönen Tag mit unseren Freunden verbracht.

Lächeln

Klingt einfach, ist es auch. Und das ist tatsächlich mit der effektivste Tipp, den wir mit auf den Weg geben können. Wir sind und bleiben als Verkäufer das Aushängeschild unserer Produkte. Mit heruntergezogenen Mundwinkeln und genervtem Blick darauf zu warten, dass sich jemand für unseren letzten Kram interessiert, ist ein No-Go! Niemand wird gezwungen, bei uns etwas zu kaufen. Wir wollen etwas von den anderen, nicht umgekehrt. Und genau das müssen wir ausstrahlen. »Kommt her Leute, bei mir ist es schön.«

Einen Lockvogel arrangieren!

Einen letzten Geheim-Tipp wollen wir Euch nicht vorenthalten, auch wenn es weniger unser Stil ist: Der Mensch ist neugierig und skeptisch zugleich. Wenn ein Stand leer ist, muss das ja seinen Grund haben. Da gibt es offenbar nur Schund und Schrott (ganz egal, wie hochwertig die Ware ist). Eine Flaute an unserem Stand zieht somit schnell einen gefährlichen Rattenschwanz mit sich – denn wo keiner ist, da will nun mal keiner hin. Ganz im Gegenteil zu solchen Ständen, wo die Interessenten quasi Schlange stehen. Schon glauben wir, dass es dort etwas Besonderes gibt. Genau hier kommen unsere Lockvögel ins Spiel. In ruhigen Phasen sollten die Lockvögel sich interessiert um unseren Stand tummeln. Ebenso hilft es, sich etwas entfernt mit

dem Handy zu positionieren und etwas lauter von dem Stand an der Ecke schwärmen, der die super Schnäppchen hat: »Ja, Schatz, du musst kommen, und bring deine Freundin mit. Da vorne an dem Stand mit dem roten Tischtuch gibt es wahre Schätze. Die haben dort keine Ahnung, wie wertvoll das Ganze ist …« Zwei, drei solcher Fake-Anrufe später und die ersten Besucher haben angebissen und überzeugen sich persönlich von der Ware. Wenn sich erst einmal eine Traube gebildet hat, werden die Nachbars-Verkäufer schnell vor Neid erblassen. Das ist wirklich faszinierend und funktioniert fast immer!

Doch wie verkaufe ich nun am besten? Erst reden, dann feilschen! Viele Kunden trauen sich nicht, ein Gespräch zu eröffnen oder fühlen sich gehemmt, nach dem Preis zu fragen. Ein kurzes »Ah, dir gefällt das Radio? Das ist ein Klassiker. Für 20 Euro ist es deins!« ist ein prima Eisbrecher. Tatsächlich ist reden, reden, reden das beste Verkaufsgespräch. Findet uns der Kunde sympathisch, drückt er weniger den Preis. Denn nette Menschen will niemand abzocken.

Beim Verhandeln braucht es dann ein bisschen Fingerspitzengefühl. Am besten ist es, zuerst ein kurzes Gespräch mit dem Interessenten zu führen und ihn zu fragen, warum er denn die Ware haben will. »Bist du ein Comic-Fan? Hast du schon viele Comics? Welche Comics fehlen dir noch?« Kleine Komplimente sind bei einem Verkaufsgespräch immer eine gute Taktik: »Ah, ein Experte! Ich habe schon gemerkt, dass du dich in dem Thema auskennst!« Erst danach den Preis nennen und dabei höher ansetzen als das, was ich letztendlich haben will. Wenn ich beispielsweise etwas für 100 Euro verkaufen möchte, dann setzen wir erst mal bei 150 Euro an. Ist der Preis dem Kunden zu hoch, sollten wir uns zuerst ein Gegenangebot geben lassen: »Was ist dir denn diese Ware wert?« Wichtig: Bloß nicht sofort einknicken, sondern in kleinen Schritten mit dem Preis nach unten gehen. Lehnt der potentielle Käufer ab und will erst noch eine Runde auf dem Flohmarkt drehen? Bloß die Nerven behalten. Viele Kunden drehen erst mal eine Runde und schauen, ob es dann vielleicht billiger ist.

Auf keinen Fall zu früh runterhandeln lassen. Viele professionelle Händler nutzen frühmorgens die Aufbauphase, um absichtlich für Chaos zu sorgen und gleichzeitig Druck auszuüben. »Los, beeil dich, ich muss zu meinem eigenen Stand. Ich gebe dir 10 Euro für die drei Überraschungseier-Schlümpfe. Das ist ein fairer Preis!« Stopp! Fair ist der Preis in der Regel nicht. Viele Händler gehen dabei absichtlich etwas aggressiver vor, damit dem Verkäufer keine Zeit bleibt, über den Preis nachzudenken: »Ja, was denn nun? Willst du nun die 10 Euro haben oder nicht?«

Auch hier gilt: Ruhe bewahren und sich nicht frühzeitig mit dem Preis drücken lassen. Ab mittags können wir immer noch billiger werden. Natürlich sollten wir realistische Preisvorstellungen haben und nicht zu viel verlangen. Das meiste wird wohl gebraucht sein, und für Gebrauchtes müssen wir nun mal einen Preisabschlag in Kauf nehmen. Nur weil wir vielleicht noch an manchen Sachen hängen, heißt das nicht, dass andere Menschen bereit sind, dieses »Dran-hängen-Gefühl« zu finanzieren. Aber verschenken müssen wir nichts!

Unsere fünf goldenen Regeln für ein perfektes Verkaufsgespräch:

1. Locker sein, lächeln und nicht verkrampft in den Verkauf gehen.

2. Immer auf positive Dinge des Gegenstandes hinweisen. Mängel trotzdem anmerken, aber geschickt weg argumentieren, zum Beispiel: »Die Reparatur kannst du doch locker selber machen, du siehst geschickt aus«.

3. Hoch ansetzen und in kleinen Schritten runtergehen.

4. Selbstbewusst agieren.

5. Auf keinen Fall zu schnell aufgeben.

Grundsätzlich gilt, darauf zu achten, dass Erlös und Aufwand im Verhältnis zueinanderstehen. Es lohnt sich beispielsweise nicht, 50 Bücher mühselig für zusammen nur 10 Euro zu verkaufen. Da ist es günstiger und wohltuender für die eigenen Nerven, die Bücher zu spenden.

Allen Anfängern empfehlen wir zudem, zuerst einmal selbst den Flohmarkt zu besuchen, auf dem sie später verkaufen wollen. Wie viel ist hier überhaupt los? Welche Preise werden verlangt? Welche Ware wird gar nicht verkauft oder ist im Gegenteil an fast jedem Stand zu finden? Und: Wie hoch ist die Standgebühr? Gibt es eine bestimmte Meterzahl, die genommen werden muss? Bei einer Standgebühr von beispielsweise 36 Euro (also 12 Euro für den Meter) muss das Geld erst einmal wieder eingespielt werden. Achtung: Viele Anbieter verlangen im Vorfeld weniger als am Tag des Flohmarkts. Hier heißt es: standhaft bleiben und sich auf die Absprachen berufen.

Und was sollte ich als Käufer beachten? Als Besucher auf Flohmärkten gibt es ebenso einiges zu beachten. Auch hier gilt das alte Sprichwort »Der frühe Vogel fängt den Wurm«. Denn echte Schnäppchen warten nicht. Die wichtigsten Regeln im Überblick:

Pokerface aufsetzen

Jahrelang haben wir danach gesucht und plötzlich halten wir diese alte Schallplatte von Elvis Presley in den Händen. Endlich ist unsere Sammlung komplett und hätten wir keine Ohren, wir würden vor Freude im Kreis grinsen. Kapitalfehler! Denn wer unbedingt etwas haben möchte, wirkt beim Feilschen unglaubwürdig. Eher skeptisch oder gelangweilt blicken, die Platte begutachten und etwas murmeln wie: »Das Ding hat auch schon mal bessere Zeiten gesehen.« Spätestens jetzt wird der Verkäufer ein (eher niedriges) Angebot machen, und das Feilschen kann beginnen. Tipp: Wer vorhat, gleich mehrere Artikel zu kaufen, sollte einen Paketpreis aushandeln.

Zurücklegen lassen

Falls möglich, bietet sich der Versuch an, die Ware kurz zurücklegen zu lassen, um beispielsweise das Geld aus dem Auto zu holen. Erstens können wir so die restlichen Angebote auf dem Markt vergleichen. Zweitens ist es eine Möglichkeit, den Preis zu drücken: »Ehrlich gesagt, sind mir 30 Euro für den Bilderrahmen doch zu teuer.« Weil die meisten Verkäufer innerlich den Verkauf schon abgeschlossen haben, gehen sie in der Regel mit dem Preis noch ein bisschen weiter runter.

Limit setzen

Hier ein Buch für 2 Euro. Dort vier Eierbecher für 3 Euro. Und die Handschuhe für 4 Euro fallen ja auch nicht ins Gewicht. Doch Kleinvieh macht bekanntlich auch Mist und ruckzuck summieren sich die Mini-Schnäppchen zu einem Betrag, der wehtun kann. Daher: Vor dem Besuch ein Einkaufslimit setzen, damit der Shopping-Kater nach dem romantischen Flohmarkt-Ausflug nicht zu stark ausfällt.

Muss ich das Geld versteuern?

Jeder, der sich unsere Dokus ansieht, weiß, dass sich mit Trödel jede Menge Geld verdienen lässt. Seit unserer allerersten Sendung im Jahr 2009 haben wir über 1 Million Euro mit dem umgesetzt, was wir in den Kellern, Scheunen und Dachböden unserer Bewerber gefunden haben. Bei bisher über 700 Sendungen sind das im Schnitt 1430 Euro. Unsere Kandidaten freuen sich – das Finanzamt ebenso?

Ab wann Einnahmen versteuert werden, ist von Fall zu Fall unterschiedlich. Tatsächlich sind die Grenzen fließend. Das WO ist dabei völlig egal.

Ob wir etwas auf Flohmärkten, Schulveranstaltungen, Kirchen-Basaren oder im Internet verkaufen, spielt steuertechnisch keine Rolle. Wichtiger ist: WAS und WIE VIEL wir verkaufen – und vor allem WANN!

Wer aus seinem privaten Haushalt etwas verkaufen möchte, also Dinge des sogenannten täglichen Gebrauchs, muss darauf keine Steuern zahlen. Zum Privatverkauf gehören neben Klamotten, Spielzeug und Möbeln ebenso die Waschmaschine, das Porzellan der Oma oder auch das alte Auto. Denn: Gegenständen des täglichen Gebrauchs fehlt das sogenannte Wertsteigerungspotenzial. Schließlich verkaufen wir üblicherweise gebrauchte und ältere Sachen – und zwar weit unter dem originalen Neupreis. Steuerlich gesehen besteht somit also kein Gewinn, sondern ein Verlust. Wer also den damaligen Einkauf steuerlich nicht geltend gemacht hat, muss ebenso den Erlös (also die Verlustminimierung durch den Verkauf auf dem Flohmarkt) nicht steuerlich geltend machen. Besteht noch eine Rechnung über den wieder verkauften Fernseher, könnte theoretisch ein Veräußerungsverlust geltend gemacht werden.

Wer dagegen Waren – das kann auch Gebrauchtes sein – einzig zu dem Zweck gekauft hat, sie mit Gewinn weiter zu veräußern, muss eventuell Steuern bezahlen. Das ist vor allem dann der Fall, wenn es sich um Waren von hohem Wert handelt wie Uhren, Schmuck oder Antiquitäten, die vor Ablauf eines Jahres weiterverkauft werden. Solche Verkäufe innerhalb von zwölf Monaten gelten als Spekulationsgewinne und bleiben nur dann steuerfrei, wenn der Gesamtgewinn in diesem Kalenderjahr unter 600 Euro beträgt. Beispiel: Kaufen wir eine Kommode für 400 Euro und verkaufen diese Kommode binnen eines Jahres für 1100 Euro weiter, dann haben wir einen Gewinn von über 600 Euro erzielt und sind in vollem Umfang steuerpflichtig. Allerdings muss ein Gewinn auch hier erst einmal entstehen. So können beispielsweise Gebühren für die eBay-Nutzung, Sprit oder die Standmiete beim Trödelmarkt steuermindernd berücksichtigt werden.

Unser Tipp: Verkäufer sollten alle Schritte gut dokumentieren. So kann man den Umfang der Geschäfte bei einer eventuellen Prüfung durch die Behörden gut belegen. Die Einschätzung, ob ein privater oder gewerblicher Verkauf vorliegt, ist letztlich immer eine Einzelfallentscheidung.

Anders sieht es aus bei gewerblichen Verkäufen. Ein gewerblicher Verkauf liegt laut Steuerrecht dann vor, wenn regelmäßig Ware über einen längeren Zeitraum verkauft wird, um Gewinne zu erzielen. Hier steht also nicht das Ausmisten des eigenen Hausstandes im Vordergrund, sondern allein der Handel mit Waren. Das Landgericht Berlin hatte zum Beispiel eine Mutter als gewerbliche Händlerin eingeordnet, weil diese über drei Monate lang am Stück im Internet knapp 100 Kleidungsstücke ihrer vier Kinder über eBay verkauft hatte (AZ: 103 O 75/06). Die Begründung des Gerichts lautete folgendermaßen: »Unternehmer ist, wer in Ausübung seiner gewerblichen oder selbstständigen beruflichen Tätigkeit handelt, also am Markt planmäßig und dauerhaft Leistungen gegen Entgelt anbietet. Dabei ist es unerheblich, ob die Tätigkeit nebenberuflich oder mit Gewinnerzielungsabsicht erfolgt.« Und weiter: »Die Eröffnung eines eBay-Shops lässt für sich genommen die Unternehmereigenschaft im Sinne des § 14 BGB noch nicht vermuten. Jedoch kann die Anzahl und der Gebrauchszustand der bei eBay eingestellten Artikel auf eine nebenberufliche gewerbliche Tätigkeit hindeuten, die über gelegentliche Verkäufe im Rahmen der privaten Haushaltsführung hinausgehen.« Hätte die gute Dame also ein Paketpreis für alle Klamotten angeboten oder zwischen den Verkäufen eine längere Pause eingehalten, wäre sie nicht als gewerbliche Händlerin eingestuft worden.

Da in jedem Einzelfall neu entschieden werden muss, ob es sich hier noch um einen privaten Verkäufer oder doch um einen gewerblichen Händler handelt, werden verschiedene Kriterien einbezogen:

- Verkauf auf Märkten, die als gewerbliche Märkte gekennzeichnet sind (Handwerkermärkte, Verbrauchermessen etc.).

- professionelles Auftreten auf Märkten (zum Beispiel mit Adressschild am Stand) oder im Internet (professionell aufbereitete Seite, professionelle Fotos der Gegenstände). Alles, was ein Gewerbe vermuten lässt.

- eine große Kundenzahl.

- regelmäßiger Verkauf von Neuware oder Zukauf von Neuware.

Aufgepasst: Finanzbeamte kontrollieren regelmäßig Flohmärkte und durchforsten ebenfalls das Internet nach nicht angemeldeten Händlern beziehungsweise nach nicht versteuerter Ware. Die Finanzbehörden können dabei von den Internetplattformen sogar Auskunft über Verkäufe und die Herausgabe der Namen, Adressen und Bankverbindungen der Verkäufer verlangen. Natürlich dürfen Händler auch als Privatpersonen im Internet etwas verkaufen. Ausschlaggebend ist wiederum, wie viel verkauft wird und welche Art der Ware. Der Bundesfinanzhof entschied, dass eine Frau, die angeblich von ihrer Schwiegermutter 140 Pelzmäntel geerbt hatte, nachträglich Umsatzsteuer zahlen musste. Diese Frau hatte die Mäntel im Zeitraum von drei Jahren bei eBay verkauft. Die Richter waren der Meinung, es könne sich nicht um eine Sammlung aus privatem Besitz handeln, da die Mäntel verschiedene Konfektionsgrößen hatten (AZ: XI R 43/12). Wer also öfter Sachen in größeren Mengen anbietet, muss unter Umständen eine Umsatzsteuer bezahlen.

Umsatzsteuer – was ist das noch mal? Die Umsatzsteuer ist eine Verkehrssteuer. Sie besteuert den Unterschiedsbetrag zwischen dem Erlös für eine Leistung oder eine Lieferung und den Vorleistungen, die durch andere Unternehmer bewirkt werden. Die gesamte Umsatzsteuerlast wird dabei letztlich dem Endverbraucher der Lieferung oder Leistung auferlegt. Die Umsatzsteuer ist in ihrer Höhe die bedeutendste Einnahmequelle in Deutschland für Bund, Länder und Kommunen. Dabei werden die Lieferungen und Leistungen nicht alle mit einem einheitlichen Steuersatz besteuert, sondern es gibt Lieferungen und Leistungen, die einem ermäßigten Steuersatz oder einem Durchschnittssteuersatz unterliegen. Einen ermäßigten Steuersatz gibt es im deutschen Steuerrecht seit 1968. Die Umsatzsteuersätze sind in Deutschland im UStG geregelt. Dabei beträgt der allgemeine Steuersatz (§ 12 Abs. 1 UStG) derzeit 19 Prozent der Bemessungsgrundlage.

In der Regel fallen auf verkaufte Waren also 19 Prozent Umsatzsteuer an. Der gemäßigte Steuersatz von 7 Prozent bezieht sich auf Lebensmittel, Bücher und Zeitungen sowie Kunstgegenstände. Die Waschmaschine müssen wir als gewerblicher Händler also mit 19 Prozent versteuern, die Karl-May-Bücher nur mit 7 Prozent. Bei Verkäufen mit sogenannter Gewinnerzielungsabsicht kommt noch die Einkommenssteuer hinzu. Die Einnahmen müssen also in der Einkommenssteuererklärung angegeben werden. Wer ein Gewerbe angemeldet hat, zahlt möglicherweise auch noch Gewerbesteuer.

Ausnahme ist die Kleinunternehmer-Regelung: Wann man den Status Kleinunternehmer für sich nutzen kann, ist im Umsatzsteuergesetz (kurz UStG) im Paragraph 19 unter dem Titel »Besteuerung der Kleinunternehmer« geregelt. Denn beim Status Kleinunternehmer dreht sich alles um das Thema Umsatzsteuer. Ein Kleinunternehmer bin ich, wenn:

- der Umsatz im ersten Kalenderjahr nicht die Summe von 17 500 Euro übersteigt
- und im zweiten Kalenderjahr nicht die Summe von 50 000 Euro übersteigt.

Ist dies der Fall, ist man als Kleinunternehmer gemäß der Kleinunternehmerregelung also nicht umsatzsteuerpflichtig. Daher darf auf der Rechnung auch die Umsatzsteuer nicht ausgewiesen werden.

Achtung: Häufig wird der Begriff Kleinunternehmer mit dem Begriff Kleingewerbe gleichgesetzt oder verwechselt. Um es deutlich zu sagen: Die beiden Begriffe haben nichts miteinander zu tun. Schließlich findet sich der Begriff Kleinunternehmer ausschließlich im Umsatzsteuergesetz und der Begriff Kleingewerbe wird aus dem Handelsgesetzbuch abgeleitet. Das Kleingewerbe bezeichnet alle Gewerbebetriebe, die nicht im Handelsregister eingetragen werden müssen – unabhängig von den für Kleinunternehmer geltenden Umsatzgrenzen.

Wer also mit seinem Hobby (wie zum Beispiel dem Flohmarktverkauf) etwas dazuverdienen möchte, muss sich bei der Stadt oder Gemeinde als Kleinunternehmer anmelden. Das kostet einmalig zwischen 20 und 25 Euro. Zwei Voraussetzungen gilt es einzuhalten. Erstens: volljährig sein. Zweitens: Der Arbeitgeber muss seine Zustimmung geben, sonst kann es zur Abmahnung oder gar zur Kündigung kommen.

Darf mein Kind verkaufen?

Wenn das Leben dir Zitronen gibt, mach Limonade daraus – aber verkaufe sie bloß nicht in Texas! 2015 ging ein Fall durch die Presse, der bei uns für fassungsloses Kopfschütteln sorgte: Im US-Bundesstaat Texas hatten übereifrige Polizisten den selbstgebastelten Verkaufsstand von zwei kleinen Mädchen geschlossen und ihnen verboten, Limonade und Popcorn an Passanten zu verkaufen.

Das war passiert: Die damals achtjährige Andria Geen und ihre ein Jahr jüngere Schwester Zoey hatten vor der Einfahrt ihrer Eltern einen Stand aus Pappe und Stühlen gebaut. Sie verkauften Limo für 50 Cent pro Becher, sowie Popcorntüten für einen Dollar. Mit dem Erlös wollten sie ihren Vater überraschen, um mit ihm in einen Vergnügungspark zu fahren. Es sollte ein Geschenk zum Vatertag werden. Und sie wollten das Geld alleine verdienen, als kleine Geschäftsfrauen sozusagen. Doch nach einer Stunde kam die Polizei und schloss den Stand, weil die Kinder keine offizielle Verkaufsgenehmigung hatten, die im Übrigen umgerechnet rund 150 Euro gekostet hätte. Damit nicht genug: Weil die beiden Mädchen frische Limonade verkauften, verlangten die Beamten zusätzlich, dass zunächst das Gesundheitsamt die Küche der Familie inspiziert. Solange kein Inspektor die Unbedenklichkeit der verkauften Lebensmittel bescheinigt habe, müsse der Stand geschlossen bleiben.

Zoey und Andria ließen sich von den polizeilichen Auflagen nicht beeindrucken. Sie umgingen das Gesetz, indem sie ihre Limonade wenige Tage später auf Spendenbasis anboten: DAS ist in Texas nämlich erlaubt.

Doch wie sieht die Rechtslage bei uns in Deutschland aus? Dürfen Kinder ihre alten Spielsachen auf dem Flohmarkt, in der elterlichen Garage oder auf dem Gehweg vor ihrem Wohnhaus »einfach so« verkaufen oder brauchen sie dafür eine offizielle Erlaubnis?

Wenn Kinder auf dem Flohmarkt ihre alten Spielsachen verkaufen möchten, müssen sie keinen Gewerbeschein vorweisen. Das hat nichts mit dem Alter an sich zu tun, sondern schlicht damit, dass private Verkäufe nicht steuerpflichtig sind (siehe Kapitel Steuerrecht). Wer dagegen einen Verkaufsstand im öffentlichen Raum betreiben will, muss über eine Genehmigung des Ordnungsamtes verfügen. Das gilt auch für Verkäufe auf dem Bürgersteig – und auch für Kinder. Theoretisch brauchen also Kinder, die private Sachen auf dem Gehweg vor ihrem Wohnhaus verkaufen, eine Genehmigung des Ordnungsamtes. Aber von kleinen Mädchen und Jungs wird bei uns in der Regel niemand eine solche Genehmigung verlangen. Insofern müssen Kinder hierzulande also nicht befürchten, dass Polizisten ihren Verkaufsstand schließen.

Dennoch gibt es ein paar Gesetze, die Eltern wissen sollten:

Kinder unter sieben Jahren können keine Verträge abschließen, da sie nach deutschem Recht (§ 104 Nr. 1 BGB) nicht geschäftsfähig sind und nur Käufe in Begleitung der Eltern tätigen dürfen. Mit zunehmendem Alter ändert sich das aber. Vom siebten bis zum 18. Lebensjahr sind Kinder beschränkt geschäftsfähig. Das bedeutet, dass sie begrenzt Verträge abschließen und daher auch kaufen und verkaufen dürfen. Das erlaubt ihnen beispielsweise der sogenannte Taschengeldparagraf im Bürgerlichen Gesetzbuch (BGB). Darin heißt es auf Beamtendeutsch: »Ein von dem Minderjährigen ohne Zustimmung des gesetz-

lichen Vertreters geschlossener Vertrag gilt als von Anfang an wirksam, wenn der Minderjährige die vertragsmäßige Leistung mit Mitteln bewirkt, die ihm zu diesem Zweck oder zur freien Verfügung von dem Vertreter oder mit dessen Zustimmung von einem Dritten überlassen worden sind.« Einfacher gesagt ist es so, dass der getätigte Kauf des Kindes auch ohne Zustimmung der Eltern rechtswirksam ist, wenn das Geld (in ungefährer Höhe eines üblichen Taschengeldes) dem Kind zur freien Verfügung stand.

Der Taschengeldparagraf (§ 110 BGB) im Überblick:

- Ist ein Kind sieben Jahre oder älter und damit beschränkt geschäftsfähig, darf es von seinem zugeteilten Taschengeld alles kaufen, was altersgerecht ist. Dieser Kaufvertrag gilt dann als wirksam! Wollen Eltern den Kauf rückgängig machen, sind sie an die Kulanz des Verkäufers beziehungsweise an die geltenden Regeln des Geschäfts gebunden.

- Dass Eltern dem Kind eine bestimmte Geldsumme zur freien Verfügung überlassen, ersetzt in diesen Fällen die konkrete Zustimmung zu jedem einzelnen Kauf. Dabei ist es selbstverständlich den Eltern überlassen, wie groß diese Taschengeldsumme ist. Unter den Taschengeldparagrafen fallen auch Geldgeschenke, zum Beispiel von den Großeltern. Stimmen die Eltern dem Geldgeschenk zu, gilt die Zustimmung automatisch auch für alle rechtlich bindenden Käufe, die das Kind damit tätigt.

- Sind Kinder älter als sieben Jahre, müssen Eltern auch nicht explizit in deren Verkäufe etwa auf dem Flohmarkt einwilligen. Es genügt, dass die Eltern ihren Nachwuchs samt den Dingen, die die Kinder verkaufen wollen, beispielsweise zum Flohmarkt bringen. Diese Aktion gilt laut Gesetz bereits als Genehmigung dafür, dass Kinder die eigenen Habseligkeiten alleine verkaufen dürfen. Damit ist die Einwilligung der Eltern erteilt.

☞ Grenzen hat die Geschäftsfähigkeit der Kinder nur, wenn ungewollt teure Sachen verkauft werden, also Gegenstände, deren Wert das normale Taschengeld bei Weitem übersteigt. Wenn der Nachwuchs also ungefragt das Smartphone der Mama auf dem Flohmarkt verscherbelt, können Eltern solche Verträge jederzeit lösen und den Verkauf rückgängig machen. Darüber hinaus ist der Taschengeldparagraf nur gültig, wenn es sich um Barkäufe handelt. Einen Ratenkauf darf ein Minderjähriger auf keinen Fall abschließen! Somit besteht nicht die Gefahr, dass ein Kind oder ein Jugendlicher einfach einen Handyvertrag oder ein Zeitschriftenabo abschließt. Das deutsche Recht verhindert dadurch, dass Kinder in eine Schuldenfalle geraten können.

Das Sperrmüll-ABC

Im Schnitt 2,3 Millionen Tonnen Sperrmüll produzieren wir Deutschen jedes Jahr aufs Neue – das sind 29 Kilogramm Schrott & Co. pro Einwohner. Und wenn die einen alte Stühle, Lampen, Fernseher oder Kühlschränke auf den Gehweg wuchten, dann erwacht bei den anderen der Jagd- und Sammeltrieb – sei es für den privaten Gebrauch oder für den Verkauf an Dritte. Aber darf man sich am Straßenrand tatsächlich frei bedienen, bis der Müllwagen kommt?

Im Gesetz gibt es eine einfach klingende Regelung: »Eine herrenlose bewegliche Sache darf generell jeder mitnehmen und wird dadurch zum Eigentümer« (§ 958 Abs. 1 BGB). Doch ganz so einfach ist die Sache

dann doch nicht. Denn wer glaubt, dass wir dadurch alles, was am Straßenrand steht, mitnehmen dürfen, der irrt sich. Das geht schon damit los, dass mancher Ex-Eigentümer gar nicht möchte, dass sein früherer Besitz in fremden Händen landet. Wer beispielsweise eine Kiste voller Tagebücher zum Sperrmüll stellt, der will, dass diese Bücher in der Müllverbrennung landen und sonst nirgendwo.

Das Landgericht Ravensburg hat in einem ähnlichen Fall einem Künstler Recht gegeben, der seine gemalten Bilder vernichtet haben wollte und sie deshalb zum Sperrmüll gestellt hatte. Die Richter sahen dies daher nicht als eine »Eigentumsaufgabe« an, sondern als eine »Eigentumsübertragung« – von dem Künstler an die Müllabfuhr. Die Folge: Die Bilder waren laut Gesetz also nicht herrenlos, der Sperrmüll-Sammler musste sie wieder herausrücken – und die Prozesskosten übernehmen (Az: 3 S 121/87). Ähnlich ist es, wenn jemand alte Kleidung für eine karitative Organisation wie das Rote Kreuz vor die Tür stellt. Dann handelt es sich ebenfalls um eine Eigentumsübereignung. Wer einen Sack der Altkleidersammlung mitnimmt, kann wegen Diebstahls bestraft werden. Genauso, wenn per örtlicher Abfallsatzung geregelt ist, dass der Sperrmüll auf der Straße der Gemeinde oder dem Entsorgungsbetrieb gehört. Schon das Durchwühlen gilt in diesem Fall als Ordnungswidrigkeit.

Bei »normalem« Sperrmüll dürfen wir uns natürlich bedienen. Insbesondere die hohen Rohstoffpreise ziehen gewerbliche Sperrmüllsammler an. Was oftmals achtlos herumliegt, kann bei einem Schrotthändler schnell bares Geld bringen. Auf dem Schrottplatz unterscheidet man zwischen Kleingeräten (etwa einem Toaster) und Großgeräten (etwa einem Kühlschrank). Zudem teilen Fachleute den Schrott in die sogenannte »Weiße Ware«, »Braune Ware« und »Rote Ware« ein.

☞ »Weiße Ware« besteht aus Haushaltsgeräten wie Waschmaschine, Kühlschrank, Herd, Backofen, Staubsauger, Kaffeemaschine, Wasserkocher, Mikrowelle, Toaster und Fön.

☞ Als »Braune Ware« werden Fernseher, Radios, Hi-Fi-Anlagen, Foto- und Videokameras, Videorekorder, DVD- und Blu-ray-Player sowie Handys und Smartphones bezeichnet.

☞ »Rote Waren« umfassen Heizungen & Co.

☞ Unter »IT-Schrott« fallen Computer, Monitore, Tastaturen, Mäuse, Scanner, Kopierer, Faxgeräte, Telefone und Beamer.

Die Preise im Schrotthandel richten sich danach, welche Metalle in welchen Mengen vorhanden sind. In Elektroschrott etwa befinden sich meist wertvolle Edelmetalle wie etwa Gold. Vorher müssen allerdings die einzelnen Elemente aufwändig getrennt werden. Pauschal kann gesagt werden, dass sortenreiner Schrott immer wertvoller ist als Schrott, der erst noch getrennt werden muss. Zudem sollte Schrott keine Anhaftungen wie etwa Holz oder Plastik enthalten, da diese sonst in der Weiterverarbeitung erst aufwendig entfernt werden müssen.

Die durchschnittlichen Schrottpreise (abhängig von der Qualität) sind:

- Mischschrott: 0,13 €/kg
- Scherenschrott:* 0,15 €/kg
- Aluminium: 0,70 €/kg
- Blei: 1,50 €/kg
- Edelstahl: 0,65 €/kg
- Hartmetall: 6,50 €/kg
- Kupferschrott: 4,25 €/kg
- Messing: 3,10 €/kg
- Zinn: 6,00 €/kg
- Zink: 1,55 €/kg

(Quelle: www.schrottpreis.org, Stand: Dezember 2017)

*Scherenschrott entsteht hauptsächlich bei der Demontage von alten Öltanks, Industrie- und Heizungsanlagen, Stahlkonstruktionen und Autokarosserien. Man unterscheidet nach der Größe der Stücke zwischen leichtem Scherenschrott und schwerem Scherenschrott.

Fundgrube: Haushaltsauflösungen

Eine Haushaltsauflösung kann ganz verschiedene Gründe haben, oft sehr traurige, aber auch sehr schöne. Der Tod eines geliebten Menschen beispielsweise stellt die Angehörigen häufig vor einen riesigen Berg an Problemen – und das im wahrsten Sinne des Wortes. Über Jahrzehnte hinweg wurden unzählige Möbel und Kleinkram angesammelt. Vieles davon ist mit Erinnerungen verbunden. Wegwerfen? Auf keinen Fall. Alles zu sich nehmen? Unmöglich. Erstens ist es in der Regel schlicht viel zu viel Zeug. Zweitens möchten die meisten Verwandten und Freunde nicht ständig an den schmerzlichen Verlust erinnert werden. Wenn die Oma ins Pflegeheim muss, sieht es ähnlich aus. Aber auch bei frisch verliebten Paaren, die sich entschließen zusammenzuziehen, bleiben viele Dinge auf der Strecke. Schließlich werden in Zukunft nur noch ein Bett und auch nur noch ein Sofa benötigt. Das ist dann ein erfreulicher Grund für eine Haushaltsauflösung.

Die einfachste Möglichkeit für die Betroffenen ist es, den jeweiligen Haushalt einfach komplett aufzulösen. So werden die Sachen weiterverwendet und müssen nicht etwa vernichtet werden. Für den Verkäufer bietet sich hier ein eigener Garagenflohmarkt an. Das Gute: Handelt es sich um einen einmaligen Garagenflohmarkt auf dem eigenen Grundstück, ist dieser Verkauf nicht meldepflichtig. In vielen Bundesländern darf sogar bis zu dreimal im Jahr ein privater Flohmarkt ausgerichtet werden. Dennoch empfehlen wir als Absicherung, sich die Genehmigung der Stadtverwaltung oder des Ordnungsamts zu holen. Doch es gibt noch mehr zu beachten:

☞ Ein kaltes Bier im Sommer, ein warmer Glühwein im Winter? Lecker, doch zum Ausschenken von Alkohol auf dem Flohmarkt braucht es eine Genehmigung.

- Das Abspielen von Musik in der Öffentlichkeit ist ein Thema für die GEMA. Um Ärger zu vermeiden, besser darauf verzichten.

- Wer mit seinen Nachbarn gemeinsam einen Flohmarkt organisiert und die Marktstände dabei auf dem Bürgersteig stellt, sollte den Rest der Nachbarschaft schriftlich über die Pläne in Kenntnis setzen. Bei Mietwohnungen empfiehlt es sich, vom Vermieter eine Einverständniserklärung zu holen. Damit ist man bei Beschwerden von Nachbarn auf der sicheren Seite.

- Wer Neuware verkauft, benötigt bereits für einen einmaligen Trödelmarkt eine Genehmigung.

- Soll der Garagenflohmarkt regelmäßig ausgerichtet werden, muss man ein Gewerbe anmelden und die Einnahmen nach §15 EStG versteuern (siehe Steuer-Kapitel). Gegen eine geringe Gebühr von rund 20 Euro gibt es vom zuständigen Amt einen Gewerbeschein. Dieser Gewerbeschein erlaubt, regelmäßig einen privaten Trödelmarkt auf dem eigenen Grundstück abzuhalten.

Für uns Käufer sind solche Haushaltsauflösungen natürlich ein wahres Trödel-Paradies. Es gibt zwar viele Gegenstände, die schon zu lange im Gebrauch waren, um teuer weiterverkauft zu werden. Nichtsdestotrotz erfüllen sie immer noch ihren Zweck und können so eine kostenintensive Neuanschaffung ersetzen. Doch vor allem mit Kleinkram lässt sich durch Haushaltsauflösungen in jedem Fall jede Menge Geld verdienen. Deko-Artikel wie Bilder, Kerzen und Schalen werden meist schon für ein paar Cent angeboten oder aber gleich verschenkt. Hier heißt es jedoch früh aufzustehen, da die besten Teile sonst schon vergriffen sind.

Wer erst nach dem Mittagessen kommt, wird meist nur noch Plunder vorfinden.

Schnäppchen aus Haushaltsauflösungen gibt es aus ganz verschiedenen Quellen. Flohmärkte sind eine davon. Der Vorteil hierbei ist, dass man mit ein bisschen Verhandlungsgeschick richtige Knallerpreise herausholen kann. Außerdem ist es möglich, die Ware vor dem Kauf umfassend zu begutachten. Eine weitere Möglichkeit sind Annoncen in der Tageszeitung. Allerdings wird hierbei meist nur auf eine Haushaltsauflösung hingewiesen. Ob das Richtige für den persönlichen Bedarf dabei ist, lässt sich durch das Lesen der Anzeige natürlich nicht vorhersagen. Aber auch hier gilt, dass Freundlichkeit und Charme den Preis einfach drücken können. Zudem sind die Eigentümer oft froh, wenn sie die Gegenstände so schnell wie möglich loswerden.

Vorsicht bei überregionalen Haushaltsauflösungen, die über das Internet angeboten werden. Hier ist die Auswahl zwar besonders groß und einige davon versenden die gewünschte Ware auch gegen Portogebühren mit der Post. Nichtsdestotrotz sollten private Anbieter vorgezogen werden. Firmen, die Haushaltsauflösungen professionell organisieren, verkaufen die jeweiligen Gegenstände oft völlig überteuert als Liebhaberstücke weiter. Außerdem sind die Versandkosten für größere Möbelstücke nicht gerade niedrig. Falls möglich, sollte man die Ware also immer selbst abholen.

Schätze auf den zweiten Blick

Wer glaubt, dass der anfangs erwähnte vermeintliche 10-Euro-Diamantring vom Flohmarkt, der für 750 000 Euro versteigert wurde oder das 38-Millionen-Dollar-Porzellanschälchen aus dem berühmten altchinesischen Brennofen namens »Ru« die Ausnahme sind, der irrt sich. In den letzten Jahren sorgten viele solcher durch Zufall gefundenen Schätze für Schlagzeilen, die jeweils für wenige Euro als Trödel verramscht wurden. Wir selbst haben ja mit unserem Porsche einen 100 000 Euro-Fund in einer alten Scheune gemacht.

Noch mehr Beispiele gefällig? Bitteschön:

> Ein Rentner ergatterte auf dem Flohmarkt in Dresden ein Zwei-Kilo-Paket alter Briefmarken für 20 Euro. Zu Hause breitete er die unzähligen Papierschnipsel mit gestempelten Briefmarken auf dem Küchentisch aus – und konnte kaum glauben, was er da sah: Eine One-Cent-Marke aus dem Jahr 1861 mit einer extrem seltenen Prägung. Sie zeigt Benjamin Franklin (1706–1790), Schriftsteller und einer der Gründerväter der Vereinigten Staaten von Amerika. Die Marke ist zu 99 Prozent echt, womöglich wertvoller als die Blaue Mauritius! Und: Die Marke hat einen Fehldruck, ist daher besonders begehrt! Wert: **2,5 Millionen Euro!**

Ihr Vorbesitzer hatte sie in einem Trödelmarkt für drei Dollar gekauft und jahrelang in seinem Wohnzimmer aufgestellt, ehe er neugierig wurde und sie von einem Experten untersuchen ließ – danach brachte eine chinesische Schale bei einer Auktion mehr als **2,2 Millionen Dollar** (1,7 Millionen Euro). Das weiße, 12,5 Zentimeter hohe und rund 1000 Jahre alte Stück aus der Song-Dynastie wurde im Auktionshaus Sotheby's in New York verkauft. Neuer Besitzer ist ein Händler aus London. Vor der Auktion war der Wert der Schale auf 200 000 bis 300 000 Dollar geschätzt worden.

Eine chinesische Vase war in der Gunst einer Familie auf Long Island bei New York nicht sonderlich hoch angesehen. Sie diente jahrelang als Türstopper. Bei einer Auktion in New York brachte sie mehr als **1,3 Millionen Dollar** (etwa eine Million Euro) ein. Die blau-weiße Vase entstammte der Ming-Dynastie.

Ein Amerikaner namens Frank Abrams verschönerte seine Wohnung, um sie anschließend bei AirBnB vermieten zu können. Unter anderem besorgte er sich auf dem Flohmarkt in Ashville (North Carolina) ein paar alte Westernfotos als Wand-Dekoration. Eines dieser Schwarz-Weiß-Fotos zeigte fünf Männer mit Hüten und Bärten, und es waren ein paar »Altersflecken« drauf zu sehen. Zehn Dollar zahlte Abrams dafür. Mehr waren die Fotos auch nicht wert, oder? Von wegen! Als ein Gast ihn darauf hinwies, einer der Männer auf dem Foto sehe wie der berühmte Sheriff Pat Garrett aus, wurde Abrams neugierig und legte die Aufnahme mehreren Experten vor – unter anderem William Dunniway, einem Fachmann für Ferrotypie (Blechfotografie). Und der bestätigte die Echtheit des Fotos: »Da passt alles – die Platte, die Kleidung, die Waffen.« Dunniway grenzte das Foto von Pat Garrett auf einen Zeitraum zwischen 1875 und 1880 ein. Damit nicht genug, denn auf dem Foto machten die Experten eine weitere Knaller-Entdeckung! Nicht nur Pat Garrett, der Sheriff, der einst Billy the Kid im Sommer 1881 zur Strecke brachte, konnte identifiziert werden – sondern ebenso sein späteres Opfer! Der berühmte Billy the Kid ist tatsächlich im Hintergrund zu sehen. Der Wert des Fotos wird nun auf **mehrere Millionen** geschätzt. Inzwischen liegt die Aufnahme in einem Bankschließfach.

Weil sie den Rahmen schön fand, kaufte eine Frau auf einem Flohmarkt in den USA für sieben Dollar ein Bild – und landete damit den Coup ihres Lebens. Das kleine bunte Bild entpuppte sich als ein Werk des französischen Impressionisten Pierre-Auguste Renoir (1841-1919). Ein Auktionshaus in Virginia identifizierte das Fundstück ganz klar als die »Landschaft am Rande der Seine« und schätzte es auf einen Wert von bis zu **100 000 Dollar** (etwa 78 000 Euro) – mehr als eine Million Prozent über dem Flohmarkt-Preis.

1500 Euro zahlte ein französischer Flohmarktbesucher für ein Bild mit einem Pferd und einem Bauern – was verglichen mit normalen Flohmarkt-Preisen schon ziemlich viel ist. Der Verkäufer wusste also bereits, dass das Bild einiges wert sein musste. Dennoch unterschätzte er den Wert enorm: Das 45 mal 30 Zentimeter große Bild erwies sich als ein echter van Gogh. Geschätzter Wert: **5 Millionen Euro**.

Der Kalifornier Rick Norsigian wurde dank einer Kiste Fotonegative vom Trödelmarkt reich. Nach eingehender Prüfung stand fest, dass sie von dem berühmten amerikanischen Landschaftsfotografen Ansel Adams stammen. Wert: **200 Millionen Dollar**. Bezahlt hatte er nur 45 Dollar.

Ein britischer Arzt fand 2007 in der Garage seines verstorbenen Onkels einen wahren Schatz. Der dort eingestaubte Oldtimer war ein 1937 Bugatti Typ 57S Atalante. Von dem Wagen wurden nur 17 Stück produziert. Der ehemalige Besitzer Harold Carr hatte ihn 1960 dort abgestellt – und ihn nie wieder gefahren. Wert: **3,2 Millionen Euro**.

Eine Berliner Studentin fand in einem Sofa, das sie für 150 Euro auf dem Flohmarkt gekauft hatte, ein Gemälde. Beim Ausziehen der Couch fiel ihr das Bild in die Hände. Bei einer genauen Untersuchung von Experten stellte sich heraus, dass es sich um ein Werk des venezianischen Künstlers Carlo Saraceni aus dem Jahr 1605 handelt. Wert: **rund 20 000 Euro**.

Ein ominöser Briefmarkenfund beschäftigte im Jahr 2005 die Kölner Polizei. Ein neunundvierzigjähriger Arbeitsloser erstand von einem Ehepaar auf einem Flohmarkt eine Briefmarkensammlung für 250 Euro. Er selbst wollte die Marken kurz darauf einem anderen Philatelisten für 2500 Euro anbieten. Der Kenner dachte, ihm würde Hehlerware angeboten, denn der tatsächliche Wert der Alben war viel höher. Die Marken stammten aus der Sammlung »Deutsches Reich 1875 bis 1945«. Wert: **25 000 Euro**.

900 Euro sollte ein knapp 3,5 mal 1,5 Meter großer Teppich einer Augsburgerin bringen – am Ende saust der Hammer bei **7,5 Millionen Euro**. Von dem Geld sah die Augsburgerin jedoch nichts. Sie hatte den Teppich bei einer regionalen Auktion für 20 000 Euro verkauft. Den Reibach machte der neue Besitzer. Die Frau verklagte den Augsburger Auktionator daraufhin zwar auf Schadenersatz in Höhe von fast 350 000 Euro – aber ging leer aus. Vor dem Landgericht wurde die Klage abgewiesen.

Ein deutsches Ehepaar erstand 2006 auf dem Flohmarkt einen verdreckten Bilderrahmen für fünf Euro. Beim Säubern entdeckte es dann eine Radierung des flämischen Barockmalers Rembrandt van Rijn. Wert: **70 000 Euro**.

Schlusslicht der »Glückskinder« bildet ein Regensburger, der während seiner Ferien in Ungarn ein kitschiges Ölgemälde entdeckte, das einen Bauern mit Kuhherde vor einem Bergpanorama zeigt. Der vermeintliche »Schinken« stammt von dem Dresdner Romantiker Ludwig Richter. Das Gemälde gilt als sogenanntes Schlüsselwerk und löste in der Fachwelt Furore aus. Das Bild trägt den Titel »Frühlingsmorgen im Lauterbrunner Tal« von 1827. Wert: mehr als **1,2 Millionen Euro**.

3

Schrott oder Schatz?

Einen Schatz erkennt man doch, wenn man ihn sieht, oder? Nicht unbedingt. Schrott ist doch Schrott, gibt es da Zweifel? Auf jeden Fall. Wenn wir eines mit den Jahren gelernt haben und wenn die »Schätze auf den zweiten Blick« uns eines zeigen, dann: Der Unterschied liegt allein im Wissen. Wer die Feinheiten kennt, kann Trödel-Ware gewinnbringend verkaufen. Wissen ist Macht. Und dieses Wissen teilen wir hier sehr gern:

Schallplatten

Sie ist rund, hat zwei Rillen, ein Loch in der Mitte und ist Kult. Ihr ist sogar ein eigener Tag gewidmet (12. August). Ja, wir reden von der guten alten Schallplatte. Wenn wir irgendwelche verstaubten Platten bei unserem Opa im Keller finden, bekommen wir darum schnell ein Leuchten in den Augen. Oder auch blinkende Dollar-Zeichen. Denn das Schwarze lässt sich wunderbar vergolden. Eigentlich ist dieses Phänomen nicht zu erklären: In einem Zeitalter, in dem alles digitalisiert wird, kann die Schallplatte nur sehr schwer mithalten. Mit ihr lässt sich weder eine Playlist erstellen, die auf Partys gespielt wird, noch passt sie in eine Handtasche. Und wer seine Lieblingssongs zum Joggen mitnehmen will, hat mit der gepressten Scheibe ebenfalls schlechte Karten. Obwohl Jogger mit einem auf den Rücken geschnallten Plattenspieler mit Sicherheit ein großartiger Anblick wären. Trotzdem: 130 Jahre nach der Anmeldung des ersten Schallplattenpatents – im Frühjahr 1887 durch den deutsch-amerikanischen Erfinder Emil Berliner – ist Vinyl begehrt wie selten zuvor. Waren es zunächst vor allem Liebhaber, die weiter auf den warmen Klang der Schallplatten setzten, als vor 25 Jahren die ersten CDs auf den Markt kamen, so ist die Schallplatte gegenwärtig der einzige Tonträger, deren Absatz jährlich im zweistelligen Prozentbereich steigt. Durchschnittlich 3,1 Millionen Schallplatten werden laut des Bundesverbands der Musikindustrie pro Jahr verkauft.

Schallplatten verkaufen Lebensfreude. Die erste eigene Schallplatte? Daran erinnern wir uns alle. Der erste Download? Daran erinnert sich kein Mensch. Während die erste Schlümpfe- oder Heidi-Platte noch irgendwo in unserer Kindheits-Kiste steckt, zwischen Poesiealbum und Tagebuch, ist der USB-Stick mit der ersten eigenen MP3 längst im Müll gelandet. MP3s lassen sich kopieren, löschen, austauschen. Sie haben keine Cover, die vom Wasser wellig werden und verwittern, sie lassen sich auch nicht anfassen. Schallplatten dagegen speichern nicht nur Musik, sie sind »Zeitdokumente«, und manchmal lösen sie nostalgische Gefühle aus. Genau deswegen lassen sie sich so gut zu Geld machen.

Doch auch hier gilt: Schallplatte ist nicht gleich Schallplatte. Alles fing an mit der Schelllackplatte, Vorläufer der heutigen Vinylschallplatte. Schellackplatten haben einen Durchmesser von 25 oder 30 Zentimeter. Im Gegensatz zur Vinylplatte lassen sich Schellackplatten auf alten Grammophonen mit Stahlnadeln oder auf elektrischen Plattenspielern mit speziellen Nadeln abspielen. Die Schellackplatte läuft mit 78 Umdrehungen pro Minute. Das kommt daher, dass auf den alten Grammophonen, die nicht elektrisch verstärkt waren, mittels der Laufgeschwindigkeit die Lautstärke angehoben werden konnte. Nach vielen Tests war mit 78 Touren die optimale Abspielgeschwindigkeit gefunden. Außerdem haben Schellackplatten dickere Rillen. Die Zerbrechlichkeit und die kurze Laufzeit der Schellackplatte führten allerdings dazu,

dass ein anderes Material gesucht wurde: Die Polyvinylchlorid-Platte, kurz: Vinyl.

Der Unterschied ist schnell zusammengefasst: Vinyl ist flexibler und biegsamer als Schelllack und bei guter Pflege ein Leben lang haltbar. Schellack ist spröde und sehr leicht zerbrechlich, aber vom Gewicht her schwerer als Vinyl. Die Frage ist: Was ist wertvoller?

Auf Schellack gepresst bekommt man nur sehr, sehr alte Aufnahmen, meist aus der ersten Hälfte des letzten Jahrhunderts. Also alles vor 1950. Unter diesen alten Tonträgern finden sich mitunter echte Schätze. Nach heutigen Maßstäben ist die Tonqualität von Schellackplatten zwar eher dürftig, Liebhaber von Swing-Musik empfinden aber gerade das als festen Bestandteil eines nostalgischen Hörvergnügens. Besonders viel Charme hat das Hören von Schellackplatten mit einem Grammophon. Das Internet ist voll von verschiedenen Abspielgeräten mit dem kultigen Trichter. Allerdings unterscheidet sich ein Grammophon in vielerlei Hinsicht von einem normalen Plattenspieler. Vor allem müssen die Grammophon-Nadeln nach jedem Abspielen gewechselt werden. Wer auf den Charme eines Grammophons verzichten kann, für den sind »normale« Plattenspieler wesentlich komfortabler. Viel ältere Modelle können sowohl Vinyl als auch Schellackplatten abspielen. In vielen Fällen sind diese mit einem Tonarm ausgerüstet, der über zwei Nadeln verfügt.

Bei Vinyl-Schallplatten ist die Chance, ein echtes Schnäppchen auf dem Flohmarkt zu ergattern, deutlich größer. Aber: Das Sammeln und Schätzen von Platten kostet in der Regel viel Zeit. Denn anders als beispielsweise bei einem festgelegten Goldpreis muss bei der Schallplatte tatsächlich jedes Stück einzeln geprüft werden. Etwa in Auktionskatalogen wie »Oldie-Markt« oder bei spezialisierten Internet-Plattformen wie plattensammeln.de oder discogs.com. Einige Antiquariate bieten diese Wertermittlung als Service an. Das kann jedoch sehr kostenintensiv werden.

Als Faustregel gilt: Das größte Sammler-Interesse gilt immer der Urpressung. Das lässt sich über die sogenannte Matrix-Nummer, die auf dem inneren Ring (Auslaufrille) der Platte zu finden ist oder über die Labelnummer herausfinden. Ebenfalls über den Wert entscheiden: Pressung, Label, Erscheinungsjahr, in welchem Land die Platte gepresst wurde, aus welchem Papier das Cover besteht. Und vor allem natürlich der Zustand von Cover und Platte.

Den höchsten Wert hat eine Scheibe in »Mint« oder »Near Mint Condition« (makellos, wie frisch vom Presswerk). Eine Platte im Zustand »very good« sollte keine Verzerrungen, Knackser oder andere Beeinträchtigungen der Klangqualität haben. »Good« bedeutet, dass sie Mängel haben kann, aber ohne Weiteres abspielbar ist. »Fair« heißt, dass sie durchläuft, aber im Klang deutliche Beeinträchtigungen hat, die den Genuss und den Wert der Platte mindern. Platten mit Rauschen und Kratzern haben geringen oder gar keinen Wert.

Das Bewertungssystem im Überblick:

- SS (Still Sealed): Diese Abkürzung steht für eine neue und noch verschweißte Platte.

- M (Mint): Das Vinyl ist neu und ungespielt. Auch das Cover zeigt keinerlei Abnutzungen.

- NM (Near Mint): Das Vinyl wurde sehr selten gespielt. Es hat also noch keine Klangqualität verloren. Für das Cover gilt: Keine sichtbaren Gebrauchsspuren und es wurde weder beschrieben, noch beklebt.

- VG+ (Very Good +): Die Schallplatte weist keine wesentlichen Qualitätsverluste auf. Mit anderen Worten: Das Vinyl kann kleine Kratzer enthalten und es könnte ein leichtes Rauschen vorkommen. Das Cover hat kleine Einrisse oder Abnutzungen, ist aber dennoch in einem guten Zustand.

- VG/EX (Very Good / Excellent): Das Vinyl wurde öfter abgespielt und weist Qualitätsverluste wie regelmäßiges Rauschen oder Kratzen auf. Das Label und das Cover sind in ordentlichem Zustand, können aber Abnutzungserscheinungen und Knicke enthalten.

- VG - (Very Good -): Häufig gespielte Schallplatte mit mittelmäßiger Klangqualität. Das Cover ist eingerissen, beschriftet oder leicht verschmutzt.

- G (Good): Das Vinyl hat erheblich an Qualität verloren. An einigen Stellen können Verzerrungen oder größere Kratzer vorkommen. Label und Cover sind stark beschädigt oder verschmutzt. Sie können zudem beschriftet sein.

- F/P (Fair/Poor): Die Schallplatte lässt sich gerade noch abspielen, aber mit sehr schlechter Soundqualität. Das Cover ist stark beschädigt oder gar zerrissen.

Achtung: Die Beschaffenheit von Cover und Platte wird stets getrennt bewertet. Bei einem NM-Vinyl mit M-Cover ist die Platte also bereits gespielt worden, das Cover weist aber keinerlei Gebrauchsspuren auf.

Wenn es um den Verkauf geht, sind Sammlungen oder komplette Diskografien nicht mehr wert als im Einzelverkauf. Sammler können mit kompletten Diskografien in der Regel nichts anfangen, da sie höchstwahrscheinlich selbst schon die meisten Platten besitzen und nur noch einzelne Exemplare brauchen. Je bekannter der Künstler, desto höher ist in der Regel der Preis.

Besonders wertvolle Platten sind laut dem »Rolling Stone«-Magazin:

John Lennon & Yoko Ono – »Double Fantasy« Album, 1980

Nur ein Exemplar von diesem Album ist so viel wert: jenes mit den angeblichen Fingerabdrücken von Lennons Mörder David Chapman. Dieser bat John Lennon um ein Autogramm, nur kurz bevor er ihm dessen Leben nahm. Circa 300 000 Euro.

The Quarry Men – »That'll Be The Day/ In Spite Of All Danger«, 1958 (acetate)

Die Originalaufnahme der Prä-Beatles-Band (unter anderem mit McCartney, Lennon und Harrison). Circa 230 000 Euro.

Bob Dylan – »The Freewheelin' Bob Dylan«, 1963

Zurückgezogene Version mit den vier Songs, die sich nicht auf dem späteren Album fanden: »Rocks and Gravel« »Let Me Die In My Footsteps« »Gamblin Willie« und »Talkin' John Birch Paranoid Blues«. Circa 27 000 Euro.

The Beatles – »Yesterday ... and Today«, 1966

Das seltsame Cover des Albums sorgte für einen Skandal: Die Beatles inmitten von geköpften Puppen und rohen Fleischstücken! Aufgrund der niedrigen Auflage wird diese Platte heute noch sehr hoch gehandelt. Circa 22 000 Euro.

Elvis Presley – »Stay Away, Joe«, Promo-Album, 1967

Vor Oktober 1999 wusste wohl niemand, dass dieses Album existiert. Die 12-Inch-Promo wurde für einen Radiosender in Arizona produziert und mit der Aufschrift versehen: »To be returned to Col. Parker's office«. Circa 20 000 Euro.

Sex Pistols – »God Save The Queen/No Feelings«, 1977 (acetate)

Diese Single wurde von A&M Records an Mitarbeiter verteilt, als Polygram 1998 deren Londoner Büro dichtmachte. Es existieren nur 10 bis 15 Exemplare. Circa 11 500 Euro.

Queen – »Bohemian Rhapsody/I'm In Love With My Car«, 1978

1978 gewann das Plattenlabel EMI einen »Queen's Award For Industry«. Bei der Preisverleihung wurde die auf 200 Exemplare limitierte blaue Vinyl-Edition an die Gäste des Abends vergeben. Circa 6000 Euro.

John Lennon/Plastic Ono Band – »Unfinished Music No 1: Two Virgins«, 1968 (Apple AP-COR 2)

Die Monopressung mit dem Nackt-Cover bringt es auf etwa 3500 Euro.

Natürlich kommen Legenden wie die Beatles oder Elvis Presley nie aus der Mode und sind daher besonders begehrt. Doch es gibt auch noch Geheimtipps wie die Krautrock-Platten (Rockmusik westdeutscher Bands) aus den 1960er- und 1970er-Jahren, allen voran die Hamburger Gruppe Faust und die Münchner Band Amon Düül. Deren Originale erzielen bei Sammlern Höchstpreise, mitunter auch schon mal mehrere Tausend Euro. Krautrock-Labels sind ebenso gute Wertanlagen, beispielsweise Ohr, Bacillus oder Pilz. Die Alarmglocken sollten zudem bei

Raritäten wie den Platten der Comedian Harmonists schrillen, dafür kann es locker bis zu 1000 Euro geben. Violinsonaten von Bach der Interpretin Martzy und Cellosonaten von Bach des Interpreten Mainardi liegen ebenso im vierstelligen Bereich. Wie immer gilt: je seltener die Platte, desto wertvoller.

Keine Sorge: Dass eine wertvolle Platte plötzlich nichts mehr wert ist, passiert eigentlich nie. Eher steigen die Preise von Raritäten kontinuierlich, aber oft auch sehr langsam. Spekulanten sollten auf Independent-Bands setzen, die in der Regel nur Auflagen von wenigen Hundert Stück haben. Diese Platten sind meist günstig zu haben und lassen sich – falls die Band sich etabliert – schnell für das Doppelte oder gar Dreifache verkaufen.

Um Platten zu pflegen, sollten die edlen Scheiben immer senkrecht ins Regal gestellt und zusätzlich Plastik-Schutzhüllen verwendet werden. Tageslicht kann das Cover verfärben, hohe Temperaturen, etwa durch direkte Sonneneinstrahlung, sind Gift fürs Vinyl. Und was ist mit Schmutz? Gerade gebrauchte LPs sehen oft so aus, als hätte der Vorbesitzer die Platte als Frisbee benutzt, nachdem er ein halbes Hähnchen mit den Händen

verspeist hat: fettig, klebrig, übersät mit Fingerabdrücken. Nichts, was man seinem Tonabnehmer zumuten sollte, und nichts, was dem Klang förderlich ist. Hierfür gibt es spezielle Carbonfaser-Plattenbürsten, die den losen Staub vor jedem Einsatz beseitigen. Bleibt der Staub beim Abheben dennoch in den Rillen kleben, bieten sich beispielsweise der Analogis De-Duster oder ein ähnliches Produkt an. Man rollt damit über die Platte, und der Staub bleibt ohne Rückstände auf der klebrigen Oberfläche haften. Für die ganz harten Fälle kommen wir um eine Nassreinigung leider nicht herum. Am besten mischt man eine klassische Lösung an (etwa ein Drittel Isopropanol, zwei Drittel destilliertes Wasser und gegebenenfalls ein Tropfen Spülmittel). Damit benetzt man die Platte, etwa mithilfe einer Sprühflasche. Das Ganze kurz einwirken lassen und mit einem fusselfreien Mikrofasertuch abwischen.

Danach die Platte mit einem zweiten Mikrofasertuch abtrocknen – fertig. Alternativ gibt es spezielle Schallplatten-Waschmaschinen. Einfache, manuelle Geräte, zum Beispiel »Knosti«, mit denen sehr gute Ergebnisse erzielt werden können, gibt es schon ab 30 Euro.

CDs/ DVDs/ VHS-Kassetten

Wer erinnert sich noch an die Hertie-Kaufhäuser, die meist im obersten Stockwerk das Herz von Musik-Fans noch ein bisschen höherschlagen ließen? Dort gab es den WOM, den World-Of-Music-Kultladen, mit seinen Tausenden silber-blickenden CDs. Mitte der 1980er-Jahre begann die Blütezeit. In jeder freien Minute waren wir mit unseren Freunden dort, standen uns mit den riesigen Micky-Maus-Kopfhörern gegenüber, haben mit dem Kopf gerockt und die Luftgitarre ausgepackt. Jedes Album unserer Lieblings-Bands haben wir gekauft und daheim stolz ins Regal gestellt. Wer zu dieser Ära als DJ sein Geld verdiente, war mit riesigen Koffern unterwegs.

WOM gibt es schon länger nicht mehr, CDs werden immer weniger gehört. In Zeiten von Spotify, Deezer, Tidal oder Napster haben die runden Silberlinge einen schweren Stand. Heute brauchen Musikhörer nur noch ein Endgerät – Laptop, Tablet, Smartphone – und eine stabile Internet-Verbindung. Wer einen solchen Account besitzt (und das tun mittlerweile die meisten), kann Musik anhören, ohne seine Regale mit Staubfängern zu füllen. Ähnlich verhält es sich mit DVDs. Laptop oder Smart-TV an, auf Amazon Prime, Netflix oder Maxdome klicken – und fertig ist das Heimkino. Und weil Überflüssiges bekanntlich nichts wert ist, gelten CDs und DVDs nicht gerade als Verkaufsschlager. Die realistischen Flohmarkt-Preise liegen daher bei 1 Euro für eine CD und 2,50 Euro für eine DVD. Auch hier gilt: Angebot und Nachfrage. Je seltener der Film oder das Album ist, desto mehr darf und sollte verlangt werden. Eine gute Taktik ist es, ganze Pakete zu verkaufen. Ein Karton CDs für 15 Euro. Oder zehn DVDs für 20 Euro.

Oder am besten gleich online verkaufen über sogenannte Ankauf-Portale wie rebuy.de, momox.de oder wirkaufens.de. Vorteil derartiger Dienste: Auf einen Schlag entledigt man sich ganzer Sammlungen von CDs, DVDs und auch Büchern, Versandkosten fallen dabei in der Regel keine an. Nachteil: Geld sehen Kunden in der Regel erst ab einem Mindestverkaufswert zwischen 10 und 20 Euro. Wer nicht aktuelle, sondern ältere Medien offeriert, wird zumeist mit Cent-Beträgen abgespeist. Da braucht es oft Dutzende, bisweilen gar Hunderte an Artikeln, um überhaupt einen 10- oder 20-Euro-Schein zu sehen.

Anders verhält es sich bei VHS-Kassetten. Klar: Während die Schallplatte seit ein paar Jahren ihr Comeback feiert und es wieder im Trend liegt, zu Hause einen Plattenspieler aufzustellen, findet man Videorekorder in den Haushalten noch seltener als CD-Player. Trotzdem gibt es einen Markt für alte VHS-Kassetten. Gewinnbringend sind hier vor allem seltene Filme, die nie auf DVD erschienen sind. Eine Zeit lang war das beispielsweise bei dem Disney-Klassiker »Arielle, die Meerjungfrau« mit der Original-Synchronstimme der Fall. Meist handelt es sich bei den gefragten VHS-Tapes aber eher um obskure Horror-, Kunst- oder Science-

Fiction-Filme, die außer einem kleinen Publikum kaum jemandem bekannt sind. Allerdings ist auch genau dieses kleine Publikum bereit, etwas mehr für die begehrten Sammlerstücke auszugeben. Wenn man dazu eine besondere Edition mit besonderer Hülle oder ähnlichen Extras besitzt, ist der Sammler-Trieb der Zielgruppe garantiert geweckt.

Um festzustellen, ob ein Film selten, begehrt und daher wertvoll ist, recherchiert man am besten online und sucht ganz einfach nach dem Titel mit dem Zusatz VHS oder Videokassette. Auch Amazon und eBay können dabei helfen, einen Preis zu ermitteln. Käufer findet man in speziellen Sammler- oder Film-Foren sowie auf ebay und Amazon.

Doch so bitter es sein mag: die meisten VHS-Kassetten bringen kein Geld ein. Also Kartons auf, VHS-Kassetten rein und ab zur Mülldeponie? Eine Möglichkeit. Die weitaus schönere Alternative wäre, die VHS-Kassetten zu spenden. Viele Charity-Einrichtungen sind dankbare Abnehmer. Die dritte und kreativste Möglichkeit nennt sich Upcycling – die andere Art, alte Videokassetten und Musikkassetten zu verwerten. Beim Upcycling geht es darum, Gegenstände, die man normalerweise entsorgen würde, auf neue, besondere Weise weiter zu verwerten. Anders als beim Recycling geht es dabei nicht um die reine Wiederverwertung, sondern um eine Aufwertung. Damit Upcycling funktioniert, braucht man also nicht nur Spaß am Basteln und Handwerken, sondern auch eine gute Idee. Alte Videokassetten lassen sich auf verschiedene Arten fürs Upcycling verwenden. Verwerten kann man sowohl die Magnetbänder als auch die Plastikhülle der Kassette. Die Bänder werden besonders gern dazu genutzt, Gürtel, Armbänder oder andere Mode-Accessoires daraus zu fertigen. Knüpfen, Häkeln oder Stricken – für all das sind die schwarzen Plastikschlangen prima geeignet. Aber auch für Collagen und Bilder, die man aus den Bändern zusammenklebt, lässt sich das Innenleben der VHS Kassette verwenden. Die Künstlerin Erika Iris Simmons nutzt beispielsweise die vom Aussterben bedrohten Musikkassetten für ihre aufwendig inszenierten Bilder und Musikerporträts. Aus den Hüllen oder den ganzen Kassetten lassen sich dagegen ganze Möbel wie Schuhschränke, Nacht- und Fernseh-Tische, Blumenkästen, Schirmständer und Regale zusammenbauen. Wer sich inspirieren lassen will? Ein Besuch bei pinterest.de oder YouTube lohnt sich.

Weiterer Vorteil: Clever umgesetzt im neuen Design lassen sich VHS-Kassetten auf einmal kinderleicht auf dem Flohmarkt verkaufen. Selbstgemachte Lampen aus VHS-Kassetten werden ab 15 Euro angeboten. Unikate sind nämlich genauso gewinnbringend wie Raritäten.

Emaille-Werbeschilder

Als die Werbung noch Reklame hieß, waren in den 1950er-Jahren die Fassaden der Geschäftshäuser regelrecht tapeziert mit den heute so begehrten Emaille-Schildern. Zwar ist die Kunst, Edelmetalle mit farbigem Glas zu überziehen – nichts weiter ist Emaille – seit der Antike bekannt, dennoch gelang es erst der Industrialisierung Anfang des 19. Jahrhunderts, auch Eisenbleche so zu behandeln, dass die Emailleschicht während des Brennvorganges nicht sofort wieder vom Trägermaterial abplatzte.

Ursprünglich wurden die ersten Schilder an Häusern angebracht, um bei eventueller Gefahr sofort helfen zu können. So entstanden beispielsweise die ersten Feuerversicherungsschilder in London Ende des 17. Jahrhunderts. Nach den großen Bränden 1666 wurden die Versicherungen aktiv und gründeten 1680 Feuerversicherungen. Jedes dieser Institute hatte dazu seine eigene Feuerwehr. Allerdings bestand die Schwierigkeit darin, ein brennendes Haus so schnell wie möglich zu finden. Da es in London zu dieser Zeit noch keine Hausnummern gab, übernahmen die Feuerversicherungen diese Aufgabe und verpflichteten ihre Versicherungsnehmer, Metallschilder mit Aufdruck der Policen-Nummer und dem Firmenzeichen der jeweiligen Versicherung gut erkennbar anzubringen. Die Reklame war geboren.

Anfang des 19. Jahrhunderts machten sich schließlich auch bei uns Firmen wie Maggi, Persil, Dr. Oetker und Opel die Emaille-Schilder zunutze, um die Werbebotschaft mit bunten Farben marktschreierisch an die Kunden beziehungsweise an die Hauswände zu bringen. Eine Ikone unter den Emaille-Schildern ist die »Weiße Dame« von Persil. Das grüne Schild mit der Rot unterlegten Schrift ist ein Entwurf von Kurt Heiligenstaedt aus dem Jahr 1922 und schmückt heute jede Sammlung. Nach dem Zweiten Weltkrieg verschwand die Dame mit den anderen Reklametafeln aus dem Straßenbild, und die Litfaßsäule mit ihren Papierplakaten übernahm die Herrschaft bei der Außenwerbung. Erst im Zuge einer Nostalgiewelle seit Beginn der 1990er-Jahre schafften es wieder einige Emaille-Schilder zurück an unsere Häuserwände. Von der Qualität her sind sie jedoch nur ein billiges Imitat ihrer 70 bis 100 Jahre alten, schillernden Vorbilder.

Nostalgische Blechschilder sind heute begehrte Sammlerstücke. Vorausgesetzt, es handelt sich um echte Emaille-Schilder – und nicht um billige Kopien.

So erkenne ich Emaille:

- Beim Einbrennen der Farben bei über 800 Grad wird eine glasharte und glasklare Oberfläche erzeugt, die zu keiner Verwitterung durch Umwelteinflüsse führen kann. Die Farbbrillanz bleibt unvergänglich. Weder die UV-Strahlung greift die Oberfläche der Schilder an noch die salzhaltige Luft der Nord- und Ostsee. Vergilben und Vergrauen ist also ausgeschlossen.

- Die Materialkombination als Verbundwerkstoff von Stahl und Silikaten, also Stahl und Glas, verleiht den Emailleschildern eine hohe Formstabilität. Bei Kratzspuren auf der Oberfläche sofort stutzig werden.

- Die glasharten Oberflächen von Emailleschildern sind lackabweisend. Chemische Stoffe lassen sich blitzschnell entfernen – was bedeutett: Überall, wo Farbspritzer oder Graffiti zu sehen ist, handelt es sich mit Sicherheit um eine Fälschung. Emailleschilder sind dazu absolut hygienisch und hautsympathisch, die absolut geschlossene und porenfreie Oberfläche schmeichelt der Hand. Man spürt also die Echtheit.

- Ein weiteres Indiz für ein Original vor dem Jahr 1960 ist eine Signierung am unteren Rand, bei der das Emaillier-Werk angegeben ist. Dies muss aber nicht immer der Fall sein. Außerdem hat ein solches Schild bei mehreren Farben immer eine »erhabene Fläche« – entstanden dadurch, dass jede Farbe einzeln im Ofen gebrannt wurde. Deshalb steht die Schrift immer etwas von der Grundfläche empor. Zudem weisen ältere Schilder meistens Roststellen an den Einbohrungen auf. Bei einer Replik sind diese Punkte meistens nicht erfüllt. Des Weiteren können Repliken auffällig spitze Ecken aufweisen und sich in der Größe von Originalen (20 x 30 Zentimeter) unterscheiden.

Das besondere Interesse der Sammler gilt den nach außen gewölbten historischen Emailleschildern. Mit der Krümmung soll eine Dreidimensionalität erreicht werden, um die in mehreren Brennvorgängen nacheinander aufgebrachten Farben hervorzuheben. Die Motive werden mit handgefertigten Schablonen für jeden Druckvorgang aufgebracht (Schablonierverfahren). Zum Schluss wird die obere Schicht aus Emaille, auch Zuckerguss genannt, aufgebrannt. Seltene Originale und extreme Formate sind richtig wertvoll. Zu den begehrten Such-Objekten zählen Schilder mit Themen wie Zigaretten, Schokolade, Zahn- und Mundpflege. Motivschilder sind dabei immer wertvoller als reine Schriftschilder. Ein weiteres Highlight der »bauchigen« Schilder ist der Hund, der eine Zigarette der Marke »Casanova« raucht, die ebenfalls als Schriftzug auf dem Schild erscheint. Dieses Schild kann bis zu 15 000 Euro bringen.

Der Wert eines Schildes ist von vielen verschiedenen Kriterien abhängig. Neben der Qualität der Herstellung spielen Motiv, Alter, Herkunft,

Zustand und Anzahl der hergestellten Stücke eine wichtige Rolle. Tatsächlich ist auch die Fertigungsqualität eines einzelnen Schildes bei dessen Wertbestimmung entscheidend. Sogenannte Emaillier-Fehler wie »Pusteln« (Blasen) oder »Fischschuppen« (halbmondförmige Absplitterungen) können in den Augen eines Kenners eine wesentliche Wertminderung darstellen.

Emaille-Schilder werden wie folgt kategorisiert:

- Zustand 0: perfekte Erhaltung
- Zustand 1: kleine Schraubloch- oder Randbeschädigungen
- Zustand 2: größere Rand- oder Eckschäden, kleinere einzelne Schäden im Schild
- Zustand 3: mehrere Schäden im Schild, Schild kann matt sein oder Farben blass
- Zustand 4: gravierende Beschädigungen, störend für den Gesamteindruck
- Zustand 5: Schild bedarf umfangreicher Restauration

Im Durchschnitt liegen die Preise aktuell zwischen 300 und 500 Euro. Nach oben sind bekanntlich keine Grenzen gesetzt. Nicht selten durchbrechen die Gebote der großen Auktionshäuser für ganz besondere Stücke schon mal die Marke von 100 000 Euro. Ein Klassiker mit dem Motiv der Niederländischen Lloyds im Topzustand (Null) wurde zuletzt für 40 000 Euro erworben. Das Schild »Hotel Konstanzer See« kam bei eBay für über 35 000 Euro unter den Hammer. Im Trend liegen zurzeit vor allem Reklametafeln für Suchard-Schokolade oder Berger Kakao-Schokolade. Laut des Auktionshauses in Friedrichsdorf erzielen diese Schilder in der Regel sehr hohe Preise, kommen allerdings nur selten in gutem Zustand vor. Eines ist klar: Der Markt ist klar umrissen und das Angebot begrenzt. Neue Teile in der Qualität von damals gibt es schlicht nicht mehr. Sollten irgendwo unerwartet gut erhaltene Emaille-Hausschilder und Reklameflächen auftauchen – zum Beispiel im Keller der Großtante –, werden die gut erhaltenen Teile mit Sicherheit sofort weggekauft.

Comic-Hefte & antiquarische Bücher

Wie war das damals, als das neue »Lustige Taschenbuch« 1967 im Handel erschien? Wir haben unser Sparschwein geschlachtet, sind voller Vorfreude zum nächsten Zeitschriftenhändler marschiert und haben das Buch in der gleichen Nacht noch unter der Bettdecke in einem Rutsch durchgelesen. Natürlich haben wir die Comic-Hefte mit unseren Freunden untereinander getauscht, hier und da mal die neuen Filzstifte ausprobiert, die ebenfalls unter dem geschmückten Weihnachtsbaum lagen. Schließlich landete unser ausgelesenes Exemplar, voller Eselsohren und Erinnerungen, in einer großen Kiste. In bester Gesellschaft mit Asterix, Lucky Luke und Superman. Dafür waren Comics schließlich da.

Die meisten von uns haben irgendwo noch so eine Kiste stehen. Die gute Nachricht ist: Es könnte ein Schatz darin sein. Die schlechte Nachricht: Je nachdem, wie oft der Filzstift zum Einsatz kam, ist das Comic-Heft nur noch einen Bruchteil dessen Wert. Die Original-Bände 1 bis 7 der »Lustigen Taschenbücher«, erste Auflage wohlgemerkt, sind mit die begehrtesten Sammler-Objekte und haben einen Wert zwischen 150 Euro und 2500 Euro.

Alle anderen Bände und ihre Erstausgaben belaufen sich auf dem Sammlermarkt auf 50 bis 80 Euro. Jedoch gilt auch hier: Echte Comic-Fans zahlen je nach Nachfrage und Angebot auch mehr! Wichtig ist wie immer der Zustand. Nur gut erhaltene »Lustige Taschenbücher« erreichen einen hohen Preis. Und das geht von Zustand 0 – keine Eselsohren, lose Einbände oder Malereien im Innern – bis hin zu Zustand 4: Es »besitzt noch Lesewert«, aber wirkt »nicht unbedingt appetitlich«.

Laut comicguide.de sind die derzeit gefragtesten drei Ausgaben der »Lustigen Taschenbücher«:

»Der Kolumbusfalter und andere Abenteuer«

Am 1. Oktober 1967 erschien das allererste »Lustige Taschenbuch« mit den Geschichten von Donald Duck, einer Schatzsuche sowie einem mysteriösen Falter.

Wert: circa 3000 Euro je nach Erhaltungszustand.

»Donald in 1000 Nöten«

Dieses «Lustige Taschenbuch« erschien als 7. Band am 22. Mai 1969 und erzählt die Geschichte von Donald Duck, der mit einer Erfindung von Daniel Düsentrieb das Bahnwärterhäuschen sprengt.

Wert: circa 600 Euro je nach Erhaltungszustand.

»Hallo, hier Micky!«

Im 2. Band der »Lustigen Taschenbücher«, erschienen im Januar 1968, hat Micky Maus seinen ersten großen Auftritt.

Wert: circa 250 Euro je nach Erhaltungszustand.

Diese drei Beispiele zeigen deutlich: Mit Comics lässt sich Geld verdienen. Wer allerdings nicht über entsprechendes Fachwissen und Marktgespür verfügt und beim Sammeln nicht mit System vorgeht, ist auf pures Glück angewiesen, um einen mehr oder weniger großen Coup zu landen. So wie Robert Irwin. Der Amerikaner kaufte vor mehr als 70 Jahren in Kalifornien für zehn Cent das Heft Nr. 27 aus der Serie »Detective Comics«. Das war genau die Ausgabe, in der Batman 1938 als neue Heldenfigur eingeführt wurde. Diese Tatsache verwandelte jede Seite des Heftchens in »Blattgold«. Bei der Versteigerung des Auktionshauses Heritage Auctions brachte das seltene Exemplar seinem Besitzer stolze 490 000 Dollar (rund 368 000 Euro) ein. Und das ist noch nicht mal der Höchstpreis, zu dem ein Comic-Strip den Besitzer gewechselt hat: Die Originalzeichnung des »Tim und Struppi«-Erfinders Hergé alias Georges Remi mit dem Titel »Die Zigarren des Pharaos« wurde für 500 000 Euro versteigert. Das »Superman in Action«, Comics Vol. 1, sogar für 1,5 Millionen Dollar!

Anders als bei Briefmarken oder Münzen brach die Sammelleidenschaft für Comics bei uns in Deutschland erst in den 1970ern aus. Zuvor waren die Heftchen meist nach dem Lesen weggeworfen worden – was wiederum die beste Voraussetzung für seltene Sammlerstücke und bei entsprechender Nachfrage auch für Traumrenditen beim Verkauf ist. Wirklich gut erhaltene Heftchen und Büchlein, vor allem aus den 1950er- oder 1960er-Jahren, sind somit echte Raritäten. Alle Comics vor 1970 (Jahr steht im Impressum) sind ebenfalls interessant, vor allem wenn der Neupreis im Pfennigbetrag liegt und nicht in D-Mark ausgewiesen ist. Die größten Gewinne werden mit »Micky Maus«-Heften aus der Zeit vor dem Zweiten Weltkrieg erzielt, je nach Exemplar und Zustand liegt der Wert bei 100 bis 10 000 Euro. Eine Erstausgabe der Micky-Maus-Hefte aus dem Jahr 1951 (mit Zustand 1) brachte sogar 15 000 Euro ein. Im Zustand 0, der so gut wie nicht vergeben wird, wäre das Heft gut und gern noch mal 5000 Euro mehr wert gewesen.

Von Käufen über das Internet raten wir tunlichst ab. Denn: Wie der Zustand eines Exemplars definiert wird, unterscheidet sich von Mensch zu Mensch. Was für den einen »wie neu« aussieht, ist für den anderen »deutlich gebraucht.« Das führt fast zwangsläufig zu Missverständnissen – und Enttäuschungen. Besser geeignet sind seriöse Händler, am besten mit Ladengeschäft. Und auch auf Auktionen lässt sich das eine oder andere Stück erstehen.

Alte Comics sind eine Sache, antiquarische Bücher eine ganz andere. Wertvolle Bücher lassen sich in der Regel bereits an ihrer Gestaltung und an ihrem Alter erkennen. Es gilt der Grundsatz, dass der Wert eines Buches mit dessen Alter ansteigt. Bücher mit doppelten Seiten sind etwas für Sammler – diese sind ganz versessen darauf, einen Fehldruck zu ergattern. Beim Sammeln von Büchern ist der Erhaltungszustand von übergeordneter Bedeutung. Zerfledderte Exemplare sind logischerweise unbeliebt. Für eingefleischte Fans sind handsignierte Exemplare etwas Besonderes – um so mehr, wenn der Verfasser nicht mehr lebt. Bei alten Büchern ist zudem die Auflage wichtig: Eine Erstausgabe erzielt immer einen höheren Preis als die Reproduktion. Bei Büchern, die in einer sehr geringen Auflage erschienen sind, geht der Preis nochmals in die Höhe.

Auf der Internetseite »Zentrales Verzeichnis Antiquarischer Bücher«, kurz ZVAB, lässt sich der Wert von antiquarischen Büchern sehr schnell mittels einer intelligenten Suchmaske ermitteln. Beim ZVAB handelt es sich um ein Online-Antiquariat, auf dem seit 1996 deutschsprachige Titel angeboten werden. Auf www.zvab.com bieten Tausende von erfahrenen Antiquaren neben Postkarten, Autografen, Grafiken und Noten auch unzählige gebrauchte, antiquarische oder vergriffene Bücher zum Kauf an. Der Grund: Nicht selten sucht man verzweifelt nach einem bestimmten Buch, das besonders beliebt ist, möglicherweise nicht mehr gedruckt wird oder schon sehr alt ist. Um diese Suche zu vereinfachen, wurde die Online-Datenbank des ZVAB ins Leben gerufen. Ihre Aufgabe ist es, gewerbliche Antiquariate und private Endkunden zusammenzubringen. Man kann sich das ZVAB als eine riesige Bücherei vorstellen, in der es seltene, gut und weniger gut erhaltene Bücher zu kaufen gibt.

Wer das Glück hat, eine antiquarische Buchsammlung zu ergattern oder gar im Speicher versteckt zu finden, sollte diese sehr sorgsam behandeln. Unbedingt darauf achten, dass das Buch ausschließlich mit Handschuhen angefasst wird. Ansonsten könnten die empfindlichen Buchseiten beschädigt werden. Diese bestehen bei sehr alten Exemplaren oftmals aus einfacher Cellulose. Feuchte Hände hinterlassen sofort einen sichtbaren Schaden. Dass Eselsohren und Kritzeleien tabu sind, sollte jedem klar sein. Wer dann noch das Buch in eine Schutzhülle steckt, es vor Sonneneinstrahlung, Wind und Spritzwasser schützt, kann den bestmöglichen Preis dafür herausschlagen.

Natürlich hat nicht jeder das Glück, bei seiner Schatzsuche auf den Codex Leicester von Leonardo da Vinci zu stoßen, der es auf einen Wert von 29 Millionen Euro schafft. Die 72-seitige Sammlung ist die bekannteste Schriftensammlung Da Vincis. Sie beinhaltet Gedankenspiele zu verschiedenen Themen. Beispielsweise zu Fossilien sowie zu den Fragen, warum der Mond leuchtet und wieso sich Wasser bewegt. Das Werk befindet sich derzeit im Eigentum von Bill Gates. Auch die Magna Carta – das Original – wurde im Jahr 2007 für 20,1 Millionen Euro versteigert. Die Magna Carta ist eine Vereinbarung zwischen König Johann und dem englischen Adel. Dagegen entpuppte sich das Rothschild Stundenbuch als wahres »Schnäppchen«. Das Manuskript wurde im Jahr 1999 für 12,6 Millionen Euro verkauft. Das Johannesevangelium aus dem 8. Jahrhundert wird immer noch auf 12,4 Millionen Euro geschätzt. Das Evangelium des St. Cuthbert ist als Taschenbuch gestaltet und in lateinischer Sprache verfasst. Das Evangelium ist eines der weltweit ersten Exemplare, das als Buch gebunden wurde.

Ein paar Millionen Euro werden für die antiquarische Bücher-Sammlung aus unserem Speicher zwar nicht herausspringen, aber drei- bis vierstellige Summen zu erzielen ist durchaus realistisch. Auch hier lässt sich der Preis noch steigern:

- die Seiten mit einem Pinsel von Staub befreien, nie mit einem feuchten Tuch, denn Feuchtigkeit schadet der empfindlichen Cellulose
- alle verfügbaren Informationen einholen, denn eine Geschichte über das Buch steigert den Preis
- für ansprechende Präsentation sorgen
- alte Bücher im Originalzustand belassen
- Patina auf Einband beibehalten

Und was machen wir mit den »normalen« Büchern? Früher hat man die Kiste mit den alten Büchern gepackt und sie auf dem Flohmarkt verkauft – oder es zumindest versucht. Abgesehen von seltenen Antiquitäten und gut erhaltenen Kinderbüchern lief dieser Verkauf schon immer schleppend. Zumal es für potenzielle Käufer sehr mühsam ist, in einem riesigen, unsortierten Bücherberg ein interessantes Exemplar aufzustöbern. Ähnlich frustrierend ist meist der Weg ins Antiquariat. Denn statt seichter Strandlektüre und Bestsellern werden dort eben nur alte und seltene Bücher aufgekauft.

Einfacher und mit deutlich weniger Aufwand wird man seine Bücher im Internet-Flohmarkt los. Amazon beispielsweise bietet über den Marktplatz die Möglichkeit, kostenlos gebrauchte Bücher einzustellen – und zwar zu einem selbst wählbaren Preis. Erst bei Verkauf behält das Online-Versandhaus 15 Prozent des Preises ein sowie eine variable Abschlussgebühr. Doch bevor wir uns die ganze Mühe machen, sollten wir nachschauen, was das Buch neu und gebraucht kostet – und wie viele andere Exemplare schon auf potenzielle Käufer warten. Grundsätzlich gilt: Je häufiger ein Buch schon angeboten wird, umso länger zieht sich der eigene Verkauf, es sei denn, man geht mit dem Preis stark nach unten.

Wer über Amazon mehrere Bücher einstellt, muss diese auch getrennt verschicken und jedes Mal den Versand organisieren (für die Versandkosten gibt es einen Zuschuss). Bei eBay hingegen hat man die Möglichkeit, Bücherkisten auch komplett anzubieten – was Mühe und Kosten beim Versand spart. Sie werden vor allem von Händlern aufgekauft, die sich dann selbst die passenden Exemplare raussuchen.

Noch bequemer ist es, die Bücher – genau wie DVDs – an Ankauf-Dienste im Internet abzustoßen, etwa momox.de oder rebuy.de. Die Bücher werden einfach über Titel oder die ISBN-Nummer eingegeben oder mittels einer App abgescannt. Akzeptiert man den vorgeschlagenen Preis, kann man mit dem nächsten Buch vom Stapel weitermachen, bis das Regal wieder leer ist. Danach alle Bücher in einen Karton packen und über ein ausgedrucktes Formular kostenlos

verschicken. Anders als beim Selbstverkauf gibt es hier innerhalb einiger Tage Geld (Rebuy, Momox, Regalfrei) oder eine Gutschrift für einen neuen Einkauf (Amazon) – unabhängig davon, ob jemand das Buch gekauft hat oder nicht.

Nachteil: Es muss einen Mindestbetrag geben. Und: Die ganz großen Gewinne bleiben aus. Schließlich sollen die Bücher weiterverkauft werden und die Händler wollen natürlich auch ihr Stück vom Kuchen abhaben.

Kleidung

Hand aufs Herz: Wie viele Kleidungsstücke tummeln sich wirklich bei uns im Schrank? Der Großteil von uns besitzt 30 T-Shirts, 21 Oberteile mit langen Ärmeln, 15 Hosen, zehn Kleider oder Röcke, neun Jacken und 16 Paar Schuhe. Frauen haben mit durchschnittlich 118 Kleidungsstücken deutlich mehr anzuziehen als wir Männer mit 73 Teilen – Strümpfe und Unterwäsche nicht mitgerechnet. Im Durchschnitt sind das 95 Kleidungsstücke, rund ein Drittel allerdings kommt beim Zählen auf mehr als 200 Kleidungsstücke im Schrank. Das macht einen Wäscheberg aus gigantischen 5,2 Milliarden Stoffstücken.

Unabhängig vom Geschlecht ist eines aber gewiss: Rund 18 dieser Shirts, Hosen, Röcke, Jacken und Schuhe werden nie getragen. Diese 18 Stücke gehören zur Kategorie »Schrankleiche«. 18 Prozent der Kleidungsstücke werden überhaupt nur zweimal getragen, 20 Prozent seltener als einmal im Vierteljahr. Jeder Achte trägt seine Schuhe weniger als ein Jahr. Ermittelt hat all die Zahlen die Umweltschutzorganisation Greenpeace. Laut ihrer Rechnung liegen in deutschen Kleiderschränken insgesamt rund eine Milliarde Kleidungsstücke, die noch nie das Tageslicht gesehen haben – jedenfalls nicht am Körper ihrer Besitzer. Gründe für die

Endlos-Lagerung gibt es viele: Kann man nicht wegwerfen, weil teuer gekauft. Der passende Anlass kommt vielleicht noch! Wird eines Tages passen, also ... nach einer radikalen Diät. Letzteres Phänomen betrifft vor allem Hosen. Die Beinkleider lassen sich dabei in drei Kategorien einteilen: Hosen, die passen. Hosen, die früher mal gepasst haben und die – wenn diese doofe Diät endlich mal funktionieren sollte – eines Tages wieder zur Lieblingsjeans werden könnten. Und außerdem Hosen, die nie gepasst haben, aber, so das erklärte Ziel, eines Tages hervorragend an uns aussehen werden. Ganz sicher sogar.

Doch zurück zu diesen 18 Stücken, von denen wir uns offenbar nur schweren Herzens trennen können. Gebrauchte Kleidung ist gefragter denn je. Kleidung zu verkaufen, bedeutet nicht nur mehr Platz im Schrank, sondern auch mehr Geld, mit dem wir dann direkt neue Klamotten kaufen können. Entscheidende Frage: Wo und wie lässt sich Kleidung am besten verkaufen?

Die wichtigste Regel, um seine Klamotten erfolgreich auf dem Flohmarkt an den Mann (oder die Frau) zu bringen: Präsentation! Auch wenn es hart klingen mag: Von einem ungepflegten Verkäufer im Penner-Outfit will niemand gebrauchte Kleidung haben, sei sie noch so toll. Heißt: Raus aus der Jogginghose, rein in den Feiertags-Geburtstags-Sonntags-Look. Das Outfit darf ruhig overdressed sein. Jeder Mensch achtet zuerst auf die Optik. Und wem der Stil des Verkäufers gefällt, wird diesem auch eher das ausgewaschene Shirt von vor drei Jahren abkaufen. Was ihm oder ihr steht, steht mir bestimmt genauso gut, so der Gedanke. Der zweite Blick gilt der Kleidung. Nur weil eine Jeans alt ist, ist sie noch lange kein Müll und sollte auch nicht so auf dem Verkaufstisch liegen. Daher: Kleidung waschen, bügeln, ordentlich zusammenlegen, gegebenenfalls ausbessern und verlorene Knöpfe wieder annähen. Aber es gibt noch mehr, was den Verkauf von Kleidung erleichtert:

Verkaufsfläche

Ein Tapeziertisch wird mit einem einfachen Stoffüberwurf sofort aufgewertet – also einer Decke, einem Bettlaken oder einer alten Tischdecke. Das sieht nicht nur netter aus, sondern schont auch empfindliche Materialien, die sonst durch Splitter Schaden nehmen könnten. Damit Kunden überhaupt kaufen, sollte die Decke jedoch sauber sein und insgesamt einen gepflegten Eindruck vermitteln. Gern dürfen auch kleine Podeste gebaut werden, um Lieblingsstücke darauf zu »highlighten«.

Kleidung kombinieren

Zu der blauen Hose passt die Blümchen-Bluse prima? Warum dann die beiden Sachen nicht als modisches Set drapieren? Wenn‘s dazu noch den passenden Gürtel gibt? Perfekt! Die meisten tun sich schwer damit, Kleidungsstücke geschickt zu kombinieren. Erst recht bei neuen Klamotten. Ein bisschen Hilfestellung wirkt da Wunder. Zudem lassen sich so gleich mehrere Stücke auf einmal verkaufen. Idealerweise mit einem Set-Preis.

Hose 8 Euro, Bluse 6 Euro, Gürtel 4 Euro? Zusammen gibt's das Trio dann für 15 Euro!

Kleiderstangen

Ein hübscher Blazer oder ein Jackett sieht auf einem Bügel an der Kleiderstange gleich edler aus. Ein weiterer Vorteil: Die Kleidung lässt sich so schnell auf- und wieder abbauen. Stange aufstellen, aufhängen, fertig!

Markenkleidung

Wer teure Markenkleidung zu verkaufen hat, sollte dies auch deutlich zeigen. Ein Karton, auf dem mit roter Schrift »Levi's« oder »Hier gebrauchte Adidas-Schuhe« steht, zieht schnell die Blicke auf sich. Wichtig: Sich vorher erkundigen, was die Markensachen im Original kosten, aber von der Preisvorstellung unter dem bleiben, was im Internet angeboten wird.

Kleinutensilien

Für Schmuck, Gürtel, Broschen & Co. bieten sich durchsichtige, in mehrere Fächer unterteilte Ordnungsboxen an (alternativ: Schublade aus der Küchenkommode nehmen).

Krambox

Wer diverse Kleinteile zum Einheitspreis verkaufen möchte, kann einen oder mehrere Kartons – vielleicht ein bisschen nett beklebt – oder Klappboxen auf den Tisch stellen und die Krambox mit einem gut leserlichen Hinweis versehen – zum Beispiel: »Jedes Teil 1 Euro«.

Preisschilder

Selbstverständlich wird auf einem Flohmarkt gefeilscht, was das Zeug hält. Dennoch sind Preisschilder auf den Kleidungsstücken eine gute Orientierungshilfe für den Kunden. Zudem wird Missverständnissen vorgebeugt. Wer beispielsweise eine Markenjacke nicht für unter 50 Euro verkaufen möchte, sollte diese auch entsprechend kennzeichnen. Preisschilder haben zudem den Vorteil, dass der Kunde nicht erst fragen muss, wie viel ein bestimmtes Stück kosten soll.

Tüten

Unter ökologischen Gesichtspunkten ist die Verwendung von Plastiktüten sicher mehr als fragwürdig. Viele Kunden freuen sich jedoch darüber, wenn sie ihre neu erworbenen Schätze in einem Beutel abtransportieren können und fragen nach einer passenden Tüte. Wer diesen Service bieten möchte, kann das mit einem von der Rolle gerissenen Müllbeutel tun. Oder mit Jutetaschen, die zusätzlich für 1 Euro verkauft werden.

Wer jetzt noch ein wenig Verkaufstalent zeigt, geht garantiert nicht mit leeren Händen beziehungsweise mit vollen Kartons nach Hause. »In ganz Deutschland werden Sie diese Jacke nicht unter 30 Euro finden. Für 25 Euro ist es Ihre!« Auch Komplimente sorgen nicht nur für ein gutes Gefühl bei den Kunden, sondern auch für einen loseren Geldbeutel. »Das steht ihnen wirklich gut!« Solche Verkaufssprüche nerven zwar normalerweise. Aber in diesem Fall stimmt es endlich mal – und deswegen dürfen wir damit auch hausieren gehen. Wenn man also sieht, dass die Jacke jemandem richtig gut steht, dann darf das ruhig gesagt werden.

Sich einen Stand auf dem Flohmarkt zu mieten, ist allerdings nicht jedermanns Sache (allein das frühe Aufstehen, um alles aufzubauen!). Hier kommen wieder die bereits bekannten Ankaufs-Portale wie momox.de oder rebuy.de ins Spiel, die inzwischen auch Secondhand-Klamotten anbieten. Per Auswahlmenü sucht man die passende Kategorie aus (»Hose von H&M«) und sieht sofort, welchen

Festbetrag man noch dafür erhalten kann. Danach wird die Kleidung eingeschickt und kassiert. Tatsächlich angekauft werden aber nur Kleider, die in einwandfreiem Zustand sind: Schon Knitterfalten oder kleine Wollknoten an Pullovern (»Pilling«) sind Ausschlusskriterien. Ware, die nicht angenommen wird, kann man sich allerdings zurückschicken lassen.

Für hochwertige Designer-Stücke eignet sich eine solche Plattform nicht ganz so gut: Die Festpreise berücksichtigen nämlich nicht, ob es sich um Artikel aus der aktuellen Saison oder um besonders aufwendige Stücke handelt. Wer also den Kleiderschrank voll mit angesagten Labels hat, sollte die ausgemisteten Kleider besser einzeln verkaufen. Onlineshops wie Vestiaire Collective, einer der erfolgreichsten Umschlagplätze für Vintage- und Secondhand-Mode, sind hierfür eine gute Möglichkeit. Oder auch eBay, Kleiderkreisel.de oder ByMyfashion.de.

Auch Online gilt der gleiche Grundsatz: Bei Kleidung zählt die Präsentation. Bevor wir ein Kleidungsstück fotografieren und ins Internet stel-

len, sollte es gewaschen und gebügelt sowie gegebenenfalls mit Nadeln festgesteckt werden. Wer sich selbst zum Model macht, sollte ehrlich sein in Bezug auf die eigenen Maße wie Gewicht, Hüftumfang und (bei Frauen) Körbchengröße. Für alle, die mehr als zehn Teile auf einmal verkaufen wollen und regelmäßig ihren Kleiderschrank ausmisten, kann es sich lohnen, einen eigenen Onlineshop einzurichten – beispielsweise bei TicTail. Gerade Mode-Blogger nutzen den kostenlosen Service, um neuen Platz im Ankleidezimmer zu schaffen. Ursprünglich richtet sich TicTail an kleinere bis mittelgroße Labels und Marken, die keinen eigenen Onlineshop haben. Wie potentielle Käufer vom Angebot erfahren? Alle Kleider und Accessoires werden in Kategorien einsortiert, durch die man sich auf der Hauptseite klicken kann. Schöne Stücke haben deshalb durchaus die Chance, entdeckt zu werden.

Wem das alles zu kompliziert ist, der bringt seine gebrauchte Kleidung zu Secondhand-Läden. Manche kaufen den Kunden die Ware direkt ab, andere nehmen die Kleidung in Kommission. Dann bekommt der Verkäufer erst sein Geld, wenn sich ein Käufer gefunden hat. In einigen Städten gibt es auch Läden, in denen man ein Regalbrett mieten kann. Das dekoriert man mit seinen Gegenständen, und wenn jemand dort kauft, klingelt es abzüglich einer Gebühr für den Ladenbesitzer in der Verkäuferkasse.

Und was ist beim Kauf zu beachten? Kaputte Reißverschlüsse, verfärbte Achselhöhlen und lose Knöpfe sind häufig nicht auf den ersten Blick zu erkennen. Außerdem lohnt es, auf den Geruch der Kleidungsstücke zu achten: Schon beim kleinsten Anzeichen von Mottenpulver oder Schweißgeruch sollten wir ein Teil liegen lassen.

Gerade bei Jacken verschwinden Gerüche auch bei professioneller Reinigung oft nicht. Dasselbe gilt für Flecken. Viele Stoffe werden durch Reibung außerdem schnell dünn, besonders am Kragen. Hier könnte der Stoff schnell nach dem Kauf brechen.

Briefmarken

Viele von uns haben dieses Bild aus der Kindheit und Jugend noch ganz genau vor Augen: Der Vater hält einen Brief über einen Topf dampfenden Wassers. Vorsichtig trennt er die Briefmarke vom Papier ab und legt sie zum Trocknen zur Seite.

Einige Tage später sitzt er an seinem Schreibtisch, platziert die Marke mit der Pinzette an die richtige Stelle des Briefmarkenalbums, lächelt freundlich über den Rand seiner Lesebrille und sagt: »Das wirst du später einmal erben.« Die Frage, die uns heute, als Erwachsene, interessiert, lautet: Was mag eine solche Briefmarkensammlung wert sein?

Als 1845 in England der weltweit erste aufklebbare Gebührenzettel eingeführte wurde, wäre wohl niemand auf die Idee gekommen, dass diese kleinen Papierschnipsel einmal mehr kosten würden als Goldbarren. Die älteste deutsche Briefmarke wurde erst vier Jahre später ausgegeben, genauer gesagt am 1. November 1849. Das Oberpostamt München hatte sich entschieden, dem britischen Vorbild zu folgen und mehrere Drucke zu testen. Letztendlich entschied man sich für das einfache uns bekannte Ziffernmotiv von Johann Peter Haseney: der »Schwarze Einser«, auf handgeschöpftem Papier gedruckt und geschnitten. Der Nominalwert betrug einen Kreuzer, der damaligen Frankatur für einen Ortsbrief, und für das Versenden von Drucksachen wie Preislisten oder Werbebroschüren. 2008 wurde ein Brief mit zwei Dreier-Streifen des »Schwarzen Einsers« für 55 000 Euro versteigert. Außerdem gibt es noch zwei Briefe mit jeweils sechs einzelnen nebeneinander aufgeklebten »schwarzen Einsern« aus der gleichen Korrespondenz. Einer davon erzielte 1988 etwa 185 000 Mark, der andere wurde bereits in den 1960er-Jahren für 100 000 D-Mark verkauft. Einer der wenigen erhaltenen Bögen (mit insgesamt 90 Marken) wurde am 27. März 2010 für 300 000 Euro in Wiesbaden versteigert.

Die meisten Briefmarkensammlungen stellen heutzutage allerdings keinen nennenswerten Wert dar. Es ist nicht unüblich, dass gerade modernes Briefmarkenmaterial, für das ein Sammler mehrere Tausend D-Mark ausgegeben hat, heute nur noch für einen Bruchteil des Anschaffungspreises über den Ladentisch geht. Marken, die ab 1960 gedruckt wurden, sind nur sehr schwer verkäuflich. Die Postwertzeichen gingen zu dieser Zeit in so großer Auflage in den Druck, dass die Händler heute gut eingedeckt sind und nichts mehr aufkaufen. Auch sogenannte Ersttagsblätter, kurz ETB genannt, die es seit 1974 von der Bundespost zu kaufen gibt, bringen beim Verkauf kaum Geld. Denn Ersttagsblätter werden leider nur von den Erstkäufern gesammelt. Der Wert ist einzig als ideell für den Sammler einzuschätzen.

Doch Ausnahmen bestätigen die Regel. Und diese Ausnahmen gilt es zu finden. Oder auch als Ausnahme zu erkennen, wenn wir sie denn vor unserer Nase haben. Denn nicht allein das Alter entscheidet darüber, ob eine Marke wertvoll ist. Die älteste deutsche Briefmarke, der »Schwarze Einser« ist beispielsweise nicht einmal unter den Top5 der kostbarsten Marken. Die erste

Briefmarke der Welt, die »One Penny Black«, ist sogar für relativ kleines Geld zu haben. Die anmutig schöne schwarze Briefmarke von Großbritannien, die ab Anfang Mai 1840 verwendet werden durfte, kann man heutzutage in einer normalen, altersbedingten gestempelten Erhaltung schon für rund 100 Euro kaufen. Allerdings kann der Wert dieser Briefmarke sehr schnell in die Höhe schießen, sobald es sich um eine bessere Variante, bessere Entwertung, eine Einheit oder einen Beleg handelt. Der Wert der Briefmarke steckt also auch hier im Detail versteckt.

Wie bei diesen fünf Briefmarken:

British Guiana 1c magenta

Seit 2014 ist sie die Königin unter ihresgleichen. Vier Jahre nachdem ihr vormaliger Besitzer in der Psychiatrie verstarb, ging sie für sage und schreibe 9,5 Millionen Dollar (circa 7 Millionen Euro) über den Tisch. Immerhin ist sie auch das einzig bekannte Exemplar auf der ganzen Welt. Ihr erster Besitzer war übrigens ein zwölfjähriger schottischer Schuljunge in Südamerika, der sie 1873 in Familienpapieren fand und seiner Sammlung hinzufügte. Er verkaufte sie an einen örtlichen Sammler für lediglich ein paar Schillinge.

Bordeaux-Brief

Auf dem Brief befinden sich sowohl die »blaue Mauritius« als auch die »rote Mauritius«, die ersten beiden Marken in der damaligen britischen Kolonie. Sie gehören zu den seltensten und dementsprechend teuersten ihrer Art. Der Schätzwert beträgt 3,5 Millionen Euro.

Inverted Jenny

Der Fehldruck ist seitenverkehrt und lässt sein abgedrucktes Motiv, das Flugzeug Curtiss JN-4, mit den Rollen nach oben fliegen. Fehldrucke sind natürlich eine besondere Delikatesse für die Feinschmecker unter den Sammlern. Schließlich kommt ein auf dem Kopf stehendes Exemplar nicht alle Tage vor. Das gute Stück von 1918 wird auf 3 Millionen Euro geschätzt.

Benjamin Franklin Z-Grill

Die Benjamin Franklin Z-Grill von 1868 mit dem Gesicht des amerikanischen Präsidenten erhält ihren Namen von der Technik der Waffeleinpressung, die mehrmalige Benutzung verhindern sollte. Auf der ganzen Welt sind nur zwei Exemplare vertreten. Ein Exemplar befindet sich unter Verschluss in der New York Public Library. Das andere ist seit 2005 im Besitz von Bill Gross, der die Marke gegen einen Viererblock von Inverted Jennies im Wert von 3 Millionen US-Dollar tauschte.

Tre-Skilling-Banco

Ein weiterer Fehldruck, der sich später als wahrer Glücksfall erwiesen hat. Statt grüner Farbe trägt die schwedische 3 Skilling Marke einen satten Orangeton. Sie wurde 1855 ausgegeben und bis heute ist nur ein bekanntes Exemplar erhalten geblieben. Sie wurde zuletzt für 2 Millionen Euro verkauft.

Der beste und wohl spannendste Weg, um den Wert einer Briefmarkensammlung ungefähr zu bestimmen: Man versucht es selbst. Um die entsprechende Fachliteratur wie Briefmarkenkataloge (gibt's auch online) kommt man dabei leider nicht herum. Meistens sind es jedoch die kleinen Feinheiten, die den Unterschied beim Wert von Briefmarken ausmachen und den Traum vom Reichtum platzen lassen. Bei Briefmarken gilt: Optimismus ist durch Realismus zu ersetzen. Stark beschädigte klassische Briefmarken werden auch gern als »Knochen« bezeichnet. Derartige Marken sollten nur dann nicht im Mülleimer landen, wenn sie besonders wertvoll oder selten sind und so als Lückenfüller ihren Weg in die Sammlung finden. Dies macht in der Regel nur bei alten klassischen Mar-

ken Sinn. Aber auch bei echten Raritäten liegt der Wert nur im Promillebereich von unbeschädigten Marken der gleichen Art. So wie gezähnte Marken keinen Zahnfehler haben sollten, sollten ungezähnte Marken einen möglichst breiten, nicht angeschnittenen Rand haben. Sehr dünne Stellen in der Mitte einer Marke mindern ebenfalls den Wert. So etwas nennt man auch »Fenster«, da das Licht durchscheint, wenn man die Briefmarke gegen das Licht hält.

Neben den zahlreichen Gründen, die den Wert von Marken stark verringern können, gibt es auch Faktoren, die den Wert der Marken steigern:

- Spezielle seltene Farbvarianten einer Marke.
- Marken in größeren Einheiten wie Viererblöcke oder auch ganze Bögen. Größere Einheiten sollten daher nie in kleinere zerlegt werden. Die Einzelmarke der 5-Pfennig-Posthorn ist beispielsweise gerade mal zehn Cent wert, während für einen Viererblock bis zu 20 Euro hingelegt werden.
- Zusammendrucke, Briefmarken mit Zierfeldern oder Werbefeldern.
- Waagrechte Paare von Marken, die hauptsächlich als Rollenmarken vorkommen.

- Abarten von Marken wie zum Beispiel Plattenfehler, kopfstehende Aufdrucke, doppelte Aufdrucke, fehlende Aufdrucke, fehlende Teile des Markenbildes, besondere Wasserzeichen und vieles mehr.

- Marken auf kompletten schönen Briefen sind meistens mehr wert als die Einzelmarken. Manchmal sind schon Marken auf Briefstücken mehr wert.

- Bestimmte Frankaturen auf Briefen wie zum Beispiel Einfach- oder Mehrfachfrankaturen und so weiter.

- Ungezähnte Varianten von Marken, die normalerweise gezähnt vorkommen.

- Spezielle Zähnungen.

Die 10-Pfennig-»Germania«-Marke ist das Paradebeispiel für die Rubrik wertvoll oder wertlos. Jeder hat sie, in jedem Album steckt sie. Und alle Exemplare haben eines gemeinsam: Sie sind rot, zumindest von der Grundfarbe her. Dunkelkarminrot, Dunkelrotkarmin, Lebhaftrotkarmin, Karmin, Dunkelkarmin, dunkelrosarot oder dunkelrot. Hier hängt der Wert der Briefmarke tatsächlich allein an einer kleinen Farbnuance. Eine der richtigen Farben ist wie fünf Richtige im Lotto, eine andere wie eine zwei mit Zusatzzahl, aber die breite Masse ist gerade mal den Bruchteil des Einsatzes einer Tippreihe wert. Doch wie oft haben wir schon im Lotto gewonnen? Für die genaue Bestimmung der Farbe der roten Germania sind besondere Experten zuständig. Und nur dann, wenn diese Marke von den entsprechenden Fachleuten geprüft oder attestiert wurde, ist es auch eine solche. Im Übrigen gibt es bei der 10-Pfennig-»Germania« noch Unterschiede in der Druckart des Wasserzeichens und der Zähnung.

Gleiches gilt für die »Posthorn«-Marke der Bundesrepublik Deutschland. Einzelne Wertstufen daraus hatten eine Auflage von mehr als einer Milliarde. Der Wert der Briefmarken ist hier also gering. Aber weil das Geld zu der damaligen Zeit in Deutschland sehr knapp war, wurden Briefmarken fast ausnahmslos für Portozwecke gekauft. Die hohen Wertstufen zu 70, 80 und 90 Pfennig hat sich damals selten jemand beiseitegelegt, denn sie wurden in der Regel verbraucht. Daher ist dieser Posthorn-Satz – postfrisch, also ungestempelt, mit vollständiger Originalgummierung – heutzutage locker ein paar hundert Euro wert. Gestempelt ist er hingegen relativ wertlos. Aber auch hier gibt es Ausnahmen: Ersttagsbriefe mit hohen Wertstufen der Posthornserie sind ebenso gesucht.

Bei den Inflationsmarken dagegen ist es umgekehrt. Zur Zeit der Hochinflation im November 1923 kamen fast wöchentlich neue Wertstufen heraus. Millionen und Milliarden Reichsmark waren die damaligen Portobeträge für Normalbriefe. Bereits nach wenigen Tagen der Verausgabung waren manche Wertstufen schon wieder ungültig.

Abgestempelt sind manche dieser Ausgaben daher heute wesentlich wertvoller als ihre noch ungestempelten Geschwister. Eine Prüfung durch einen Fachprüfer ist hier absolute Pflicht, vor allem bei Unterarten, die recht teuer sein können.

Überall, wo viel Geld im Spiel ist, wird leider auch betrogen. Auch bei Briefmarken sind jede Menge Fälschungen im Umlauf. Gesuchte und teure Ausgaben werden perfekt imitiert, um Sammlern das Geld aus der Tasche zu ziehen. Vielfach, jedoch nicht immer, werden diese Fälschungen gekennzeichnet. Die Vorder- oder Rückseite der Marke ist dann in teils mikroskopisch kleiner Schrift mit »Faux«, »Nachdruck«, »Faksimile«, »Reprint« oder Ähnlichem versehen. Bei diesen Marken handelt es sich also nicht um ein Original, sondern um einen im Normalfall wertlosen Nachdruck. Der wahre Wert der

Briefmarke lässt sich daher nur mit der Lupe und dem geschulten Auge feststellen.

Gerade weil die meisten von uns jemanden in der Familie haben, der Briefmarken sammelt oder früher mal gesammelt hat, gleicht die Suche nach einem »gezähnten Edelstein« mitunter einer Odyssee. Ein Glücksfall für jeden Schatzsucher sind daher unordentliche und möglichst umfangreiche Sammlungen von Briefmarken, gerade von Besitzern und oft auch Händlern, die sich wenig oder gar nicht mit dem jeweiligen Gebiet auskennen oder schlicht aus Zeitmangel keine Lust haben, sich mit diesen Konglomeraten näher zu befassen. Wer solch eine Kiste auf dem Flohmarkt für wenig Geld ergattern kann, sollte zuschlagen. Ordentlich aufgebaute Sammlungen oder gar Einzelmarken sind dagegen meist uninteressant. Der Besitzer ist sich hier des Wertes seiner Marken durchaus bewusst und wird in der Regel auch entsprechende Preise verlangen. Solche »Fundgebiete« sind für den echten Schatzsucher unattraktiv. Es sei denn, er sucht eine bestimmte Marke bereits

jahrelang und bekommt sie in einem solchen Fall das erste Mal angeboten.

Gute Quellen sind ebenfalls:

- Briefmarkentauschtage
- Briefmarkenbörsen und -messen
- Briefmarkenauktionen
- Onlineauktionen, die sich auf Sammlungsposten spezialisiert haben

Hilfreich bei der Briefmarken-Suche ist ein historisches und geografisches Wissen. Wenn beispielsweise ein Markenjäger sich mit mexikanischen Marken nicht auskennt, aber irgendwo mexikanische Marken mit Kaiser Maximilian entdeckt, dann weiß er bestenfalls, dass Maximilian von 1864 bis 1867 Teile von Mexiko regierte. Die Regierungszeit war also kurz, die Marken sind ziemlich alt und wurden nicht überall ausgegeben. So müssen sie automatisch einen gewissen Wert haben. Es ist übrigens ein Irrtum anzunehmen, nur bei unerfahrenen Privatsammlern den ganz großen Coup landen zu können. Gerade in großen Briefmarkenmessen steckt jede Menge Potenzial. Händler haben hier für uns den Vorteil, dass sie oft eine riesige Menge von Marken verkaufen, die sie teilweise selbst nicht mehr überschauen können. Dann geht die Ware oft aus Zeitmangel unsortiert in mehr oder weniger großen Einheiten zum supergünstigen Einheitspreis weg. Bei diesen Händlern sollte der Schatzsucher also wieder nicht die gut vorsortierten Standardangebote durchstöbern, sondern die Marken unter die Lupe nehmen, die relativ unsortiert zum Einheitspreis angeboten werden.

(Blech-)Spielzeug & Puppenkiste

Bis auf Mauro haben wir alle Kinder und wissen daher ganz genau, was es bedeutet, wenn die Dinge, die unserem Nachwuchs gehören, mehr und mehr unser Zuhause einnehmen. Natürlich gehören Spielsachen ins Kinderzimmer. Nur dumm, dass das die Spielsachen nicht wissen. Plötzlich tummeln sich die Legosteine im Wohnzimmer, die Malsachen in der Küche, der Bagger in der Badewanne und das Skateboard im Flur. Von der Garage, dem Keller und dem Garten mal ganz abgesehen. Doch selbst das spannendste Spielzeug landet eines Tages im Schrank oder unterm Bett. Dann wird es Zeit auszusortieren. Auch wenn wir hoffen sollten, dass unsere Eltern oder – noch besser – unsere Großeltern zu beschäftigt gewesen waren, um genau das zu tun. Denn: Moderne Spielsachen wie Lego, Playmobil oder Brettspiele sind gebraucht zwar einiges wert, alte Spielsachen jedoch um vieles mehr.

Kinder-Schätze ohne Sammelwert sollten dennoch nicht unterschätzt werden und können jede Menge Bares einbringen. Wenn das Spielzeug nicht mehr bespielt wird, lohnt sich allein deshalb ein Verkauf immer. Das Spielzeug sollte einigermaßen in Ordnung und möglichst vollständig sein. Schlechte Zustände, wie zum Beispiel kaputte Verpackungen oder fehlende Teile bei Lego beispielsweise bringen trotzdem noch ein paar Euro auf dem Flohmarkt ein. Die besten Zeitpunkte, um gut erhaltenes Spielzeug zu verkaufen, sind die Wochen vor Ostern und Weihnachten.

Wer dagegen altes Spielzeug bei sich im Keller findet, idealerweise von vor 1950, hält mitunter einen wahren Schatz in den Händen.

Das wird gesucht:

Miniatur-Autos von Schuco

Das 1912 gegründete Traditionsunternehmen Schuco hat sich mit seinen im Druck- und Spritzgussverfahren hergestellten Fahrzeugminiaturen zur wahren Kultmarke entwickelt. Wer noch die Originalverpackung besitzt, kann Höchstpreise verlangen.

Steiff-Stofftiere

Vor allem die Stofftiere, die vor 1970 produziert wurden, erzielen heute teilweise hohe Preise beim Verkauf. Um das Alter eines Teddys zu ermitteln, kann der berühmte Knopf im Ohr herangezogen werden, der sein Aussehen über die Zeit verändert hat. Ganze 156 240 Euro erzielte der Bär »Happy« im Jahr 2002. Er war 1926 hergestellt worden. Den Namen Teddy bekam der Steiff-Bär übrigens vom früheren US-Präsidenten Theodore Roosevelt.

Märklin-Modelleisenbahnen

Das Göppinger Traditionsunternehmen produziert als einer der ältesten Hersteller seit über 150 Jahren Modelleisenbahnen. Besonders Lokomotiven der Vorkriegszeit mit Farbgebungen der Auslands-Lieferungen erzielen auf Auktionen teilweise bis zu 70 000 Euro. Sogar für alte Kataloge oder Originalkartons werden hohe Summen gezahlt – insbesondere für solche, die vor 1955 produziert wurden. Auch Modelleisenbahnen von Roco und Fleischmann stehen hoch im Kurs.

Panini-Sammelalben

Seit 1961 gibt die italienische Unternehmensgruppe Panini die bekannten Sammelalben heraus. Beliebter Inhalt sind und waren stets Fußballmannschaften und -spieler. Gerade zu Weltmeisterschaften, zur Fußball-Bundesliga und zu Europameisterschaften sind die Sammelalben beliebt. Natürlich darf dabei kein Bild fehlen und auch Gebrauchsspuren oder Eselsohren sind wertmindernd. Der Wert für das 1974er Album zur WM in München beträgt um die 500 Euro. In neuwertigem Zustand wird dieses Album momentan sogar für 3000 Euro geschätzt. Für ganze Sammlungen wurden sogar schon 15 000 Euro geboten.

Überraschungseier-Figuren

Die teuerste Ü-Ei-Figur ist der »Nachtwächterschlumpf«. Statt eines weißen Rohlings wurde ein blauer benutzt und anschließend weiß bemalt. Sein Wert beläuft sich auf etwa 12 000 Euro. Danach folgen der »Flötenschlumpf« mit einem Wert zwischen 5000 und 10 000 Euro und der »Eitelkeitsschlumpf«, der einen silbernen Spiegel in der Hand hält. Sein Wert: um die 6000 Euro.

Kunststofffiguren aus Elastolin und Lineol

Kunststofffiguren aus Elastolin und Lineol, darunter vor allem Militärspielzeug, lassen ebenso das Sammler- wie das Verkäuferherz höherschlagen. Ein Lineol-Soldat im Stechschritt (Augen rechts) bringt um die 90 Euro. Der Lineol-General auf dem Standpferd sogar 180 Euro. Der Elastolin-Militärmusiker, mit dreiteiligem Schellenbaum, wird auf 110 Euro geschätzt.

Star-Wars-Figuren

Der US-amerikanische Spielzeughersteller Kenner produzierte die beliebten Spielfiguren der »Star Wars«-Reihe von 1977 bis 1985. Ein originalverpackter Anakin Skywalker bringt heute etwa 3000 Euro ein, die Figur des Jawa »Vinyl Cape« rund 4000

Euro und ein Vlix, der nur in Brasilien herausgegeben wurde, etwa 5000 Euro.

Nintendo-Spiele

Anfang der 1980er-Jahre produzierte Nintendo die 8-Bit-Videospielkonsole Nintendo Entertainment System, kurz: NES. Lange Zeit war sie die meistverkaufte Konsole weltweit mit mehr als 60 Millionen verkauften Geräten. Bekannte Spieleserien wie Super Mario Bros., The Legend of Zelda oder Metroid kamen zuerst als NES-Spiel heraus. Heute zahlen Liebhaber mehrere Hundert Euro für eine originalverpackte NES.

Die drei ???

Die Hörspiel-Abenteuer begeistern seit dem Jahr 1968 Millionen von Krimi-Fans in Deutschland. Nicht nur Jugendliche sind bekennende Fans der »drei ???«, auch viele Erwachsene lieben die Geschichten von Justus Jonas und Co. Mehrere Hundert Euro lassen sich wahre Liebhaber besondere Folgen auf Schallplatte kosten.

Bei Puppen wird die Sache eine wenig umfangreicher. Eines ist klar: die zarten Figuren sind mehr als nur Dekorationsobjekte. Sie rufen Emotionen hervor und sind für zahlreiche Puppenliebhaber ein Synonym für eine heile, behütete Welt. Die Typen- und Materialvielfalt ist bei Puppen ungemein abwechslungsreich: Es gibt Laufpuppen, Charakterpuppen, Handpuppen, Marionetten und viele mehr. Zu den bekanntesten deutschen Puppenmanufakturen gehören König & Wernicke, Simon & Halbig, Ernst Heubach, Kämmer & Reinhardt, Schildkröt und natürlich Käthe Kruse.

Zu den drei wichtigsten zählt das Traditionsunternehmen Schildkröt, das seit 1896 seine weltbekannten Puppenmodelle herstellt. Mit Puppen wie dem »Bebi-Bub«, dem »Ursel« oder der »Inge« wurden absolute Must-haves für jeden Sammler produziert. Wer eine davon zu Hause hat? Volltreffer!

Generell sind Preise für Puppen abhängig von Zustand, Alter, erhaltener Stückzahl und Nachfrage. Dabei sind ältere Puppen umso kostbarer, da in den zwei Weltkriegen unermesslich viele Puppen zerstört wurden. Feine, niedliche Details reglementieren ebenfalls die Preislage. Auch eine Frisur aus Echthaar, ein künstlerisch gemalter Gesichtsausdruck oder originale Kleidung aus der Zeit sind wertsteigernd.

Für Käthe-Kruse-Puppen werden ebenso hohe Preise gezahlt, besonders solche Exemplare aus den Jahren 1905 bis 1940. Für ein »Hampelchen im Strickanzug« aus der Nachkriegszeit etwa werden 800 Euro gezückt. Die »Puppe IX« von 1935, ein blondes Mädchen im hellblauen Kleid, ist 950 Euro wert. »Puppe I« aus dem Jahr 1925 erzielte bei einer Auktion sogar 1800 Euro. Und für »Puppe II« aus dem Jahr 1928, das sogenannte »Schlenkerchen«, legte ein Sammler gar 6000 Euro auf den Tisch. Die beiden absoluten Glücksgriffe sind die Original-Modelle »Träumerchen« und »Schielböckchen«, die für stolze 25 000 Euro beziehungsweise 40 000 Euro gehandelt werden.

Mehr geht nicht? Oh, doch! Die momentan wertvollste Puppe der Welt wurde am 24. September 2014 bei Bonhams in London versteigert: Die 64 Zentimeter hohe, wohl erhaltene Charakterpuppe von Kämmer & Reinhardt (gemarkt mit K&R 108 auf dem Hinterkopf) wechselte für umgerechnet 313 194 Euro ihren Eigentümer. Die extrem seltene und lebensnahe Puppe hat einen leicht heranwachsenden Gesichtsausdruck, einen Gelenkkörper und originale Kleidung.

Eine Kult-Puppe fehlt allerdings noch: die Barbie. Die hübsche Plastik-Dame lässt nicht nur Kinderherzen höher-

schlagen, sondern auch die der Sammler. »Normale« Barbies sind ideale Flohmarkt-Ware. Für gut erhaltene Puppen (saubere Kleidung, keine verfilzten Haare) können locker 5 Euro verlangt werden. Auch hier gilt der Grundsatz: Wertvoll ist, was selten ist. Dazu gehören beispielsweise Musterpuppen, also die Entwürfe zu neuen Barbie-Exemplaren, von denen natürlich nur wenige existieren. Für Barbies, die vor 1970 produziert wurden, investieren Liebhaber gern fünfstellige Beträge. Für die erste Barbie-Serie von 1959 – im schwarz-weißen Badeanzug und mit Sonnenbrille – zahlte man damals nur drei Dollar pro Stück. Heute wird »Barbie Nr.1« ab 25 000 Euro gehandelt. Die derzeit teuerste Barbie der Welt ist die Stefano Canturi-Barbie.

Um Geld für die Brustkrebsforschung aufzubringen, setzte sich Matell, der Hersteller von Barbie, mit dem australischen Schmuckdesigner Stefano Canturi zusammen. Sechs Monate später wurde eine Barbie-Sonderauflage vorgestellt. Diese Barbie war mit einer Halskette im Wert von über 200 000 Euro ausgestattet. Im Jahre 2010 wurde sie für einen Rekordpreis von exakt 271 105 versteigert. Den zweiten Platz belegt eine besondere Einzelauflage, die niemals zum Verkauf angeboten wurde. Diese Barbie (inklusive Schloss) wurde für Werbezwecke für den großen Barbie-Film angefertigt. In dem Film lebt sie in einem ausgefallenen Diamantschloss. Natürlich darf ein Schloss nicht mehr funkeln als Barbie selbst, und somit erhielt sie ein Kleid, das aus 318 Diamanten gefertigt wurde. Ihr Wert: 84 962 Euro!

Gebrauchte Fahrräder

Eigentlich kennen wir uns zwar besser aus mit den Zweirädern, die einen Motor besitzen – vor allem Otto ist ein leidenschaftlicher Motocross-Fan –, doch auch ein gut erhaltenes Fahrrad im Keller ist quasi wie Bargeld. Tatsächlich lassen sich Räder wunderbar verkaufen. Deutschland ist ein Fahrrad-Land. Über 73 Millionen Zweiräder gibt es, und viele von ihnen haben schon einen Besitzerwechsel hinter sich.

Wer es sich leisten kann oder will, sollte beim Kauf eines gebrauchten Drahtesels besser einen Fahrradladen ansteuern. Manche Händler haben sich auf gebrauchte Räder spezialisiert, andere verkaufen sie nebenbei. Selbst viele der großen Fahrradmärkte haben inzwischen ganze Secondhand-Abteilungen. Der Vorteil: Die Räder werden noch einmal vom Fachmann überprüft, bevor sie in den Verkauf gehen. Eine Verkehrssicherheit vom Händler muss garantiert werden. Das heißt: Wer ein Rad vom Händler erwirbt, weiß, dass es straßentauglich ist.

Anders sieht es aus bei Privat-Verkäufen. Hier sollte vor dem Kauf einiges beachtet werden. Soll es ein Flohmarkt-Fahrrad für 20 Euro sein, reicht ein grober Schnellcheck, um den Pflegezustand beurteilen zu können. Sind die Reifen in Ordnung? Funktionieren die Bremsen? Ob das Rad ordentlich geputzt oder nur halbherzig gesäubert wurde, gibt Antwort darüber, inwiefern es vom Besitzer gepflegt wurde. Zudem gilt es, Grundsätzliches zu klären: Wie alt ist das Rad? Wie viele Kilometer hat es ungefähr auf dem Sattel? Wichtig ist außerdem, ob es im Freien oder vor Wind und Wetter geschützt geparkt wurde. Ein Fahrrad, das bis zum Verkauf genutzt wurde, steht unter Umständen besser da als eines, das einige Jahre lang in einem feuchten Keller gammelte. Selbst wenn das gebrauchte Rad fast wie neu aussieht, sind viele Teile auf den Körperbau des Vorbesitzers angepasst. Käufer sollten Sattel, Pedale und Lenker neu justieren oder in neue, passendere Teile investieren.

Darauf sollte man vor dem Kauf achten:

- Der Rahmen hat vor dem Kauf einen besonders genauen Blick verdient. Hat er Dellen, sollte das zumindest den Preis drücken. Besser Finger weg von einem Rad, dessen Rahmen kleine Risse aufweist oder bei dem sich Rost an den Schweißnähten gebildet hat.

- Sind die Felgen verbogen, Reifen porös oder Speichen gebrochen? Ob die Räder eine Unwucht haben, lässt sich leicht testen: Dazu das Fahrrad leicht anheben, die Räder drehen und einen Finger dicht an den Reifen halten. Wenn der Abstand immer gleichbleibt und das Rad den Finger nicht berührt, eiert es nicht. So lässt sich zudem checken, ob die Felge leicht genug auf der Achse läuft oder die Bremse schleift. Einmal gut in Schwung gebracht, sollte sich das Rad lange weiterdrehen.

- Wird der Bremshebel im Stand mehrere Male betätigt, darf sich der Druckpunkt nicht verändern und sich der Hebel nicht bis an den Griff ziehen lassen. Bei einer Vollbremsung sollte das Rad auch wirklich sofort stoppen, im Idealfall hebt das Hinterrad leicht ab.

- Nicht vergessen, vor dem Kauf fest an allen Teilen zu rütteln. Ein stabiles Fahrrad sollte das aushalten.

- Ist eine Probefahrt notwendig? Unbedingt! Nur wer ein paar Meter mit dem Rad fährt, merkt, ob wirklich alles in Ordnung ist. Ob die Kurbel fest am Rahmen sitzt und die Pedale gut mit ihr verschraubt sind. Ob Lichtanlage und Schaltung funktionieren. Ob Radlager, Naben und Kette nicht quietschen, knacken, knirschen oder schleifen. Falls das Rad auf eine Seite zieht, so kann das auf einen Vorschaden hinweisen. Auch das eigene Fahrgefühl ist entscheidend. Was nützt das beste Fahrrad, wenn es einem nicht liegt.

Von gebrauchten Fahrrädern mit Elektromotor raten wir grundsätzlich ab. Man kauft die Katze im Sack. Selbst Experten haben Schwierigkeiten zu beurteilen, wie gut ein gebrauchter Akku noch in Schuss ist. Und das Nachrüsten wird teuer.

Achtung: Im Schnitt wird alle sechs Minuten in Deutschland ein Fahrrad geklaut. Viele davon werden als gebrauchte Ware auf Flohmärkten verkauft.

Das Problem dabei ist: Auch wer unwissentlich ein gestohlenes Fahrrad kauft, kann sich strafbar machen. Meist nehmen die Gerichte laut ADFC aber Gutgläubigkeit an und gehen davon aus, dass der Käufer das Rad erworben hat, ohne von einem Diebstahl zu wissen. Dennoch: Verkaufen Privatleute ein Rad, so sollten sie den Kaufvertrag mit der Rahmennummer und Modellbeschreibung vorweisen können. Ein Fahrrad kann mit einem speziellen Code, zum Beispiel von der Polizei oder einem Radverband, versehen sein, mit dem der Besitzer eindeutig ermittelt werden kann. Vergessen dürfen wir daher nicht, den Datensatz bei der Polizei umschreiben zu lassen. Der Kauf selbst sollte ebenfalls mit einem Vertrag dokumentiert werden. Einen Mustervertrag gibt es zum Beispiel beim ADFC unter www.adfc.de. Als Faustregel nach dem Kauf gilt: 5 bis 10 Prozent des Radneupreises sollte in ein sehr gutes Schloss investiert werden.

Beim Verkauf eines Fahrrads laufen die Räder ganz andersherum, um es mal bildhaft auszudrücken. Es sind bestimmte Namen, die die Fahrradszene elektrisieren und die Preise in absurde Höhen treiben. Das Diamant zum Beispiel, der Renner aus der Fahrradfabrik in Chemnitz. Die lange Zeit als DDR-Rad verpönte Marke feiert bei Kennern derzeit ein Revival. Auch der niederländische Hersteller Koga, der ab 1976 eine Zeit lang mit dem renommierten japanischen Rahmenbauer Miyata unter dem folgerichtigen Namen Koga-Miyata Fahrräder baute, gehört zu den gefragtesten Klassikern. Gleiches gilt für die Räder und Rahmen des ehemaligen belgischen Radrennsportlers Eddy Merckx.

Bei den Schaltungen treibt der Name des italienischen Familienbetriebs Campagnolo die Preise. Allein für eine Campagnolo-Schaltung zahlen Liebhaber ab 100 Euro aufwärts. Für eine der letzten in Japan handgefertigten Shimano-Schaltgruppen wie die XTR M900 legen sie dann mehr als 600 Euro auf den Tisch, etwa den Neupreis von damals.

Auch die Klassiker unter den Rennrädern – von Bianchi über Peugeot und Mondial bis hin zu Spinella – aus den 1960er- bis 1980er-Jahren sind deutlich im Wert gestiegen. In Sammlerkreisen sieht man in diesen alten Fahrrädern zunehmend eine Form der Geldanlage, da die Preise der Oldtimer – wie bei Motorrädern und Autos – kontinuierlich zulegen. Neben den deutschen Marken Wanderer und Adler sind vor allem die französischen Top-Marken René Herse und Alex Singer sowie italienische Cinelli-Räder aus den 1940er- und 1950er-Jahren interessant. Für solche Oldtimer und Youngtimer unter den Zweirädern muss ein Sammler heute zwischen 3000 und 4000 Euro investieren.

4

Antiquitäten oder antiker Müll?

»Antiquitäten sind das einzige Feld, auf dem Gestern noch Zukunft hat«, heißt es in einem schlauen Sprüchlein. Die Frage ist nur, was genau Antiquitäten von antikem Müll unterscheidet? Es sind wie immer die Details!

Porzellan

Wenn wir früher bei unserer Großmutter zum Sonntagsessen waren, kam es zum Einsatz – das »gute Geschirr«. Schließlich ging das Service an unsere Eltern über, und eines Tages erben wir das Porzellan-Set selbst und verstauen es ebenfalls im Schrank oder irgendwo im Keller. Dick eingepackt in meterweise Zeitungspapier. Nichtsahnend, ob es wertvoll ist oder nicht. Doch wenn es sich seit Generationen in unserem Familienbesitz befindet, könnte das Set einen respektablen Wert besitzen. Aber wie lässt sich das prüfen?

Zuerst einmal muss unterschieden werden: zwischen Porzellan und Keramik. Auf den ersten Blick sieht es gleich aus. Genau das ist auch das Problem der beiden Materialien, denn sie werden fälschlicherweise als Synonym verwendet. Wer Porzellan oder Keramik sagt, meint in der Regel das Gleiche. Dabei unterscheiden sich Porzellan und Keramik in bestimmten Merkmalen sehr deutlich voneinander. Porzellan ist grundsätzlich das robustere, edlere Erzeugnis und deshalb deutlich teurer in der Anschaffung und natürlich wertvoller, was den Wiederverkauf betrifft. Beide Produkte werden aus Ton gefertigt, allerdings in einer anderen Zusammensetzung.

Porzellan – von italienisch »porcellana«, was nichts anderes bedeutet als der Name einer Meeresschnecke mit weiß glänzender, porzellanartiger Schale –ist hochwertiger, weil weiße Kaolin-Erde für seine Herstellung zum Einsatz kommt. Es ist zudem lichtdurchlässig. Das Wort Keramik ist vom griechischen Substantiv »keramos« abgeleitet und wird mit »Ton« übersetzt. Tatsächlich ist Keramik so alt wie die menschliche Kultur. Jede bedeutende Kultur hat ihre Keramiken hervorgebracht wie etwa das Löwentor in Babylon, die Wein- und Vorratsgefäße im antiken Griechenland oder Klinkerbauwerke im antiken Rom. Bei Keramik werden aus Kostengründen weniger feine Tonarten verwendet, die unter anderem mit Quarz, Feldspäten und Kreide kombiniert werden. Weiße Bruchstellen sind also immer ein Indiz dafür, dass es sich um feines Porzellan handelt und nicht um gewöhnliche Keramik. Aber wer will denn schon sein Erbstück zerstören?

Porzellan war früher gefragt, weil es eine hohe Lebensdauer besitzt und beim täglichen Bedarf nicht so schnell abnutzt. Der beste Beweis sind die jahrzehntealten Sets, die seit Generationen von einer Familie zur nächsten weitergegeben werden. Ein Keramikset wäre an diesem Test der Zeit im wahrsten Sinne des Wortes zerbrochen. Jedes Produkt aus Porzellan vereint zudem die Geschichte eines Unternehmens. In Deutschland gibt es Hersteller, die seit Jahrhunderten in der Branche tätig sind. Allen voran das Porzellan aus Meißen, der ältesten Porzellanmanufaktur Europas. Der Alchemist Johann Friedrich Böttger (1682-1719) erfand das Herstellungsprinzip des Meißener Porzellans im Auftrag des sächsischen Kurfürsten August des Starken. Ursprünglich sollte er aus wertlosen Materialien Gold herstellen. Gold wurde es keines. Aber »weißes Gold«, was ebenso für Reichtum sorgte.

Wer ein Set von diesen Produzenten sein Eigen nennt, könnte in der Tat ein Schätzchen im Schrank aufbewahren. Auch hier stellt sich als Erstes die Frage: Von welcher Marke ist das gute Stück? Erster Handgriff ist immer: Stempel auf der Unterseite anschauen.

Die teuersten Marken auf einen Blick:

Meißen	gegründet 1710 Deutschlands erste Porzellanmanufaktur Symbol: zwei überkreuzte Schwerter ab 1880 ist das Symbol auch im Dekor vorhanden
Fürstenberg	gegründet 1747 Symbol: ein geschwungenes F mit einer Krone
Nymphenburg	gegründet: 1747 Manufaktur des bayerischen Königshauses Symbol: königliches Wappen mit einer Krone
Villeroy & Boch	gegründet: 1748 Symbol: Villeroy & Boch-Stempel oder »VB« erhielt 2004 den Innovationspreis der deutschen Wirtschaft
Frankenthal	gegründet: 1755 Symbol: königliche Krone
Ludwigsburg	gegründet: 1758 von Herzog Carl Eugen von Württemberg als »Herzoglich-ächte Porcelaine-Fabrique« Symbol: Krone mit einem »C« und einem gespiegelten »C«
KPM	gegründet: 1763 von Friedrich dem Großen Symbol: ein Zepter der »Königlichen Porzellan Manufaktur Berlin«
Hutschenreuther	gegründet: 1814 erste private Porzellanmanufaktur in Deutschland Symbol: Löwe plus die Initialen L.H.S
Kahla	gegründet: 1844 größter Porzellanproduzent in Thüringen Symbol: Krone plus Namenszug
Rosenthal	gegründet: 1879 Marktführer in Deutschland Symbol: Krone plus Namenszug

Um die Konkurrenz durch auswärtige Unternehmen zu unterbinden, kam Meißen als erste Manufaktur dazu, sein Porzellan mit Bodenmarken zu versehen. Als Motiv wählte man meistens einen charakteristischen Bestandteil des Landeswappens oder auch die Anfangsbuchstaben des Besitzers oder des Landes. Mit Ausnahme von Nymphenburg, das seine Rautenmarke in der Regel sichtbar und dekorativ anbrachte, finden sich die Fabrikzeichen sonst immer auf der Unterseite der Geschirre und Figuren. Philipp Rosenthal war schließlich der erste Privatfabrikant, der auf seinem Porzellan seinen vollen Namenszug ausschrieb. Bis etwa 1820 wurden die Marken von Hand in blau aufgetragen.

Wegen ihrer Dünnflüssigkeit etwas leichter zu stempeln, fanden ab circa 1830 auch Gummistempel Verwendung, meist in grüner Farbe. Dekornamen zusätzlich zur eigentlichen Fabrikmarke anzubringen, wurde zum Ende des 19. Jahrhunderts Brauch. Schließlich verfügte England 1897 eine Ursprungskennzeichnung für alle Waren, die als Exportgüter nach England und dessen Kolonien verkauft und geliefert werden sollten. Porzellan musste dann nach seinen Produktionsländern bezeichnet werden. Beispielsweise weisen die Namen »Bavaria«, »Saxonia« und »Silesia« auf die Herkunftsländer Bayern, Sachsen und Schlesien hin. Deutsches Porzellan erhielt deshalb meist den Stempel: »Made in Germany«. Demnach stammen alle Porzellane mit einer solchen Zusatzstempelung zwangsläufig aus einer Produktion nach 1887. Solche Details sind wichtig, um Fälschungen zu erkennen. Mittlerweile wird der Ursprung der aus Deutschland stammenden Ware mit dem Vermerk »Germany« gekennzeichnet. Die Erforschung der Marken ab 1874 ist insoweit erleichtert, da ab diesem Zeitpunkt in Deutschland das »Gesetz über Markenschutz« eingeführt wurde.

Sollte das Porzellan nicht ein Werk eines renommierten Herstellers oder wir selbst nicht in der Lage sein, den Wert eigenständig abzuschätzen, ist es ratsam, sich an einen Profi zu wenden. Auch wenn das eigene Familienporzellan sehr alt ist und alles darauf hindeutet, dass es von einem Markenhersteller sein könnte, lohnt sich die Wertschätzung durch einen Antiquitätenhändler. Viele kaufen das Porzellan auf Wunsch auch direkt an, sodass man zwei Fliegen mit einer Klappe schlägt. Allerdings müssen Händler durch den Weiterverkauf verdienen. Deshalb offerieren sie weniger, als das Produkt wert ist.

Sollte es sich um eine Rarität handeln, ist es daher gewinnbringender, den Porzellanwert von einem Profi ermitteln zu lassen und es anschließend privat zu verkaufen oder zu versteigern. Sammler sind bereit, hohe Summen für wertvolle Stücke auszugeben. Wichtig hierbei ist vor allem der Zustand: Bestoßung (Beschädigung) kann den Preis des Porzellans um bis zu 70 Prozent mindern.

Münzen

Als es unsere D-Mark noch als Währung gab, haben wir voller Vorfreude die Geldbeutel unserer Eltern durchstöbert, beim Bäcker nach Wechselgeld gefragt und selbst jede einzelne 50-Pfennig-Münze dreimal umgedreht – in der Hoffnung, eine ganz bestimmte sei dabei. Dieses Geldstück wurde nämlich nur ganze sieben Mal geprägt: Das 50-Pfennig-Stück stammt aus dem Jahr 1949 und hat ein »J« unter der »50« eingraviert. Die Inschrift lautet »Bundesrepublik Deutschland« statt »Bank deutscher Länder«. Ihr Wert wird auf einen fünfstelligen Betrag geschätzt. Der Liebhaberwert liegt sogar im sechsstelligen Bereich.

Diese sieben 50-Pfennig-Münzen von 1949 sind zwar die wertvollsten Fehlprägungen, aber nicht die einzigen. In den Jahren 1948, 1949 und 1950 wurden die Münzen mit dem Schriftzug »Bank deutscher Länder« geprägt. Erst ab 1950 wurde die Prägung umgestellt auf »Bundesrepublik Deutschland«. Nach der Umstellung kam es jedoch zu einer Fehlprägung. Ein Mitarbeiter der Prägestätte Karlsruhe griff 1950 versehentlich zur falschen Schablone. Insgesamt wurden daher 30 000 50-Pfennig-Münzen mit der alten Inschrift »Bank Deutscher Länder« statt mit der nun üblichen Inschrift »Bundesrepublik Deutschland«

geprägt. Diese 30 000 Münzen aus dem Jahr 1950 mit dem Münzbuchstaben »G« und dem falschen Schriftzug der »BdL« haben einen hohen Sammlerwert. Er beträgt selbst bei stärkeren Gebrauchsspuren bis zu 400 Euro. Wenn die Münze noch prägefrisch aussieht, zahlen Sammler sogar bis zu 800 Euro dafür.

Doch es gibt noch andere Pfennige, die irgendwo in einem alten Sparschwein schlummern oder auf dem Flohmarkt als »Nostalgie«-Glücksbringer verkauft werden – und sich als wahre Goldtaler entpuppen:

☞ 2-Pfennig-Stück von 1969 mit »J«-Prägung
Kupfer ohne Stahl, nicht magnetisch
Wert: circa 4000 Euro

☞ 2-Pfennig-Stück von 1967 mit »G«-Prägung
Kupfer auf Stahl plattiert, magnetisch
Wert: circa 3000 Euro

☞ 50-Pfennig von 1995 mit »F«- und »G«-Prägung
Wert: circa 150 Euro in der Erhaltung prägefrisch

☞ 10-Pfennig von 1967 mit »G«-Prägung
Wert: circa 75 Euro in der Erhaltung prägefrisch

☞ 5-Pfennig von 1967 mit »G«-Prägung
Wert: circa 70 Euro in der Erhaltung prägefrisch

☞ 5-Pfennig von 1949 mit »G«-Prägung
Wert: circa 65 Euro in der Erhaltung prägefrisch

☞ 50-Pfennig von 1966 mit »J«-Prägung
Wert: circa 60 Euro in der Erhaltung prägefrisch

☞ 50-Pfennig von 1949 mit »G«-Prägung
Wert: circa 55 Euro in der Erhaltung prägefrisch

Die normalen 1- und 2-D-Mark-Münzen sind in der Regel kaum etwas wert, weil sie nicht aus Edelmetall, sondern aus einer Chrom-Nickel-Legierung gefertigt sind. Diese Münzen können immer noch bei der Bundesbank ohne Gebühr zum offiziellen Kurs (1 Euro = 1,95583 D-Mark) umgetauscht werden.

Spannender wird es wieder bei den 5-DM-Münzen. Vor allem die Münzen aus dem Jahr 1958 können je nach Erhaltungszustand bis zu 1000 Euro bringen. Ab 1951 wurden die 5-DM-Münzen aus Silber hergestellt. Bei einem Gewicht von 11,2 Gramm betrug der Silberanteil 7 Gramm, da in den Münzen reines 625er Silber steckt. Diese Münzen wurden in mehreren deutschen Münzprägestätten fabriziert, was sich an den kleinen Buchstaben auf der Münze ablesen lässt: »A« für Berlin, »D« für München, »F« für Stuttgart, »G« für Karlsruhe und »J« für Hamburg.

Da Silber mit den Jahren jedoch immer kostbarer wurde und die »Brüder Hunt« in den USA begannen, ab Anfang der 1970er-Jahre die Silbervorräte weltweit im ganz großen Stil aufzukaufen, wurde der Silberpreis auch in Deutschland in immer größere Höhen getrieben. Also wurde entschieden, ab 1975 die 5-DM-Münzen ohne Silberanteil für den Umlauf herzustellen. Zahlreiche frühere 5-DM-Münzen mit Silberanteil wurden eingeschmolzen.

Bei genau diesen 5-DM-Silbermünzen ist eine Präge-Serie von besonderer Bedeutung: die 5-DM-Silbermünze von 1958 mit dem Prägebuchstaben »J« für Hamburg. Von den meisten anderen Jahrgängen waren zwischen 2 Millionen und 20 Millionen Exemplare im Umlauf, aber diese eine Serie wurde nur 60 000 Mal hergestellt. Von diesen 60 000 Stück dürften bei der Silberpreis-Jagd, die die Hunt-Brüder auslösten, noch einmal zahlreiche Exemplare eingeschmolzen worden sein, sodass heute niemand genau weiß, wie viele 5-DM-Münzen von 1958 überhaupt noch erhalten sind. Dies hat dazu geführt, dass Sammler, die eine Komplettsammlung der Bundesrepublik Deutschland anlegen wollen, mittlerweile ganz schön tief in die Tasche greifen müssen: Je nach Erhaltungszustand wird eine 5-DM-Münze 1958 J zwischen wenigen Hundert Euro und mehreren Tausend Euro gehandelt!

Brauchen Sonder-Münzen unsere besondere Aufmerksamkeit? Jein! Sondermünzen gibt es seit Jahrhunderten. Schon die alten Königshäuser haben spezielle Prägungen ihrer Währung herausgegeben. Bei uns in Deutschland werden die Sondermünzen des Staates in der Regel aus Silber geprägt und meist zu besonderen Anlässen wie den Olympischen Spielen gefertigt. Heute sind es Euro-Sondermünzen, vor 2002 war es natürlich noch D-Mark. Der Materialwert der Münzen ist dabei längst höher als ihr Nominalwert! Grund: Der, wie bereits erwähnte, steil angestiegene Silberpreis. Beispiel: Für eine 5-D-Mark-Münze aus Silber gibt es bei der Bundesbank 2,56 Euro. Der Edelmetallhändler bezahlt dagegen fast das Doppelte. Beim aktuellen Schmelzpreis von etwa 68 Cent pro Gramm nämlich 4,76 Euro. Bloß bitte nicht die 1958-er J-Serie einschmelzen lassen.

In der Regel erzielen Sondermünzen also keinen besonderen Sammlerwert. Ausnahme sind folgende Serien:

- 5-DM-Münze »100 Jahre Germanisches Museum«
  erste Gedenkmünze der Bundesrepublik Deutschland
  Auflage: 1240 Stück
  Wert: circa 5500 Euro

- 5-DM-Münze »Markgraf von Baden«
  Auflage: 2000 Stück
  Wert: circa 650 Euro

- 5-DM-Münze »Freiherr von Eichendorff«
  Auflage: 2000 Stück
  Wert: circa 590 Euro

- 5-DM-Münze »150. Todestag Friedrich von Schiller«
  Auflage: 1270 Stück
  Wert: circa 590 Euro

- 5-DM-Münze »150. Todestag Johann Gottlieb Fichte«
  Auflage: 495 000 Stück
  Wert: circa 105 Euro

Den Wert für antike Münzen zu bestimmen, ist für Laien so gut wie unmöglich. Eines ist sicher: Münzen aus der Römischen Republik oder byzantinische Münzen sind definitiv ein echter Schatz. Besonders gefragt bei Sammlern sind ebenso alte russische und amerikanische Goldmünzen.

Historische Münzen aus Deutschland haben in der Regel erst dann einen Wert, wenn sie mindestens aus der Zeit des Kaiserreiches stammen. Die Bundesstaaten des deutschen Kaiserreichs durften ab 1873 eigene Silbermünzen in den Nennwerten von 2 und 5 Mark herausgeben. Durch das Münzgesetz vom 9. Juli 1873 war geregelt, wie die Münzen zu gestalten waren: Auf der Bildseite durfte nur der Landesherr oder das Wappen der freien Städte Hamburg, Bremen und Lübeck abgebildet sein, und die Münze musste einen Perlkreis besitzen. Auf der Wertseite war nur der Reichsadler in einer bestimmten Gestaltung erlaubt. Dann gab es noch die sogenannten goldenen Kurantmünzen zu 5, 10 und 20 Mark, die heute als »Goldmark« bezeichnet werden.

Besonders wertvoll sind dabei folgende Münzen:

- 10 Mark-Münze, Mecklenburg-Strelitz 1873, Friedrich Wilhelm
  Preis je nach Erhaltung zwischen 15 000 und 20 000 Euro (7,16g Feingold)

- 20 Mark-Münze, Sachsen-Coburg-Gotha 1905, Carl Eduard.
  Preis je nach Erhaltung zwischen 3000 und 7000 Euro (7,16g Feingold)

- 10 Mark-Münze, Lübeck 1904, mit Stadtwappen
  Preis je nach Erhaltung zwischen 1000 und 4000 Euro (3,58 g Feingold)

Wichtig: Alte Silbermünzen niemals polieren, auch wenn sie schwarz angelaufen sind, sonst verlieren sie an Wert. Die Patina ist sogar ein Zeichen für Echtheit und Originalität. Je besser der Erhaltungszustand, desto höher der Wert. Am besten immer zwei Angebote bei unterschiedlichen Profi-Händlern einholen.

Schmuck

Es ist das Highlight, auf das wir bei jeder neuen Sendung hoffen. Auf der Jagd nach wertvollem Trödel entpuppt sich so manches Schmuckkästchen, das irgendwo verborgen und vergessen in einer Kommode schlummert, als echte Schatztruhe. Vor allem Omas Perlenkette oder ihr handgefertigter Ehering können mitunter ein kleines Vermögen einbringen. In den meisten Fällen liegt der Materialwert allerdings unter dem, was wir selbst als angemessen empfinden. Für uns ist Omas Erbe so gut wie unbezahlbar, die Händler sehen das meist etwas nüchterner.

Gold und Silber

In der Regel lässt sich die Echtheit eines Schmuckstücks am einfachsten über den Prägestempel erkennen, der Auskunft über den Feingehalt des Edelmetalls gibt. Dieser Stempel gibt an, welche Reinheit (Karat) das Edelmetall aufweist. Handelt es sich beispielsweise um 999er-Feingold, enthalten 999 von 1000 Gewichtsanteilen pures Gold und auf dem Schmuckstück ist die Zahl 999 eingeprägt. Der Goldgehalt macht sich dementsprechend am Preis bemerkbar. Je niedriger der Goldanteil ist, desto weniger wert sind die Schmuckstücke. Am günstigsten ist daher 333er Gold. Ebenso verhält es sich beim Silberschmuck. Am häufigsten kommt hier die Prägung 925 vor. Das heißt, dass von 1000 Teilen genau 925 aus echtem Sterling-Silber bestehen. Der reine Materialwert ist mithilfe einer Waage so leicht zu ermitteln.

Grundsätzlich handelt es sich bei Gold- oder Silberschmuck ohne Stempel nicht um ein echtes Edelmetall. Doch gerade bei Schmuckstücken, die aus dem Ausland stammen, kommt es durchaus vor, dass keine Prägung vorhanden ist. Kostbar sind sie dennoch.

Perlen

Bei Perlen ist ebenfalls das Auge gefragt, denn optische Unterschiede sind nur bei genauer Betrachtung festzustellen. Um echte Perlen von Imitationen unterscheiden zu können, muss man allerdings zunächst wissen, wie eine Perle überhaupt entsteht. Dies geschieht folgendermaßen: Wenn ein Störpartikel – also beispielsweise ein winzig kleines Steinchen – in eine Auster gerät, dann sondert diese zu ihrem eigenen Schutz automatisch Kalziumkarbonat und Conchiolin ab. Diese Mixtur wird auch als Perlmutt bezeichnet. Das Perlmutt lagert sich Schicht für Schicht auf dem Partikel ab und wird mit der Zeit immer größer, sodass daraus schlussendlich eine Perle entsteht. Dabei werden Perlen nicht nur von Austern produziert. Auch andere Muscheln und sogar Schnecken können Perlen hervorbringen. Schneckenperlen sind dabei allerdings besonders selten.

Echte Perlen haben also selbst im polierten Zustand eine leicht grobe Struktur. Sie fühlen sich kalt und hart an, und zwar in etwa so, als würden wir auf ein großes Sandkorn beißen. Künstliche Perlen sind dagegen eher weich. Wer dazu bereit ist, eine Perle zu opfern, kann sie leicht ankratzen. Bei einer künstlichen Perle wird so eindeutig die Oberfläche sichtbar, die die Beschaffenheit einer echten Perle nachahmt. Eine echte Perle besteht dagegen durchgehend aus Perlmutt, sodass beim Abkratzen ein feines weißes Pulver entsteht.

Viele Menschen sind der Meinung, dass besonders große oder bunte Perlen nur künstlich sein können. Dies ist jedoch falsch: Auch große Perlen können auf natürlichem Wege entstanden sein, sind jedoch äußerst selten. Zudem können echte Perlen eingefärbt werden. Sie sehen dann zwar unge-

wöhnlich bunt aus, dennoch handelt es sich aber zweifelsfrei um echte Exemplare. Bei »echten« Perlen gibt es zwei Kategorien: solche, die auf natürlichem Wege in der freien Natur gewachsen sind, und solche, die unter Zuchtbedingungen entstanden sind. Obwohl bei letzterer Methode eine Menschenhand im Spiel ist, die den Fremdkörper in die Auster einsetzt, handelt es sich um echte Perlen. Perlenimitate müssen übrigens eindeutig durch das Wort »Imitat« in der Bezeichnung deklariert werden. Leider halten sich viele Anbieter von Perlenimitaten nicht an diese Regelung.

Schnelltest: Unechte Perlen einer Kette beispielsweise weisen die gleiche Größe auf und haben alle eine einheitliche Form. Bei echten Perlen kommt diese Gleichheit jedoch niemals vor. Zudem weisen echte Perlen eine raue und unebene Oberfläche auf. Künstliche Perlen hingegen sind sehr glatt gearbeitet. Das erkennt man am besten mit einer Lupe.

Gold, Silber und Perlen sind die eine Sache. Doch wie erkenne ich einen echten Edelstein?

Edelsteine

Hochwertige Imitate, wie etwa Zirkonia, Moissanit oder Strass-Steine, wirken für ungeschulte Augen beinahe wie echte Brillanten. Selbst wenn diese Diamant-Imitate optisch dem echten Stein sehr nahekommen, weisen sie aber dennoch nicht dessen Härte auf. Strass-Steine werden zum Beispiel aus Glas hergestellt und erhalten lediglich eine spiegelnde Folierung, die für die originalgetreue Lichtbrechung der Imitate sorgen soll. Echte Steine kommen vollkommen ohne Folierung aus. Zudem sprechen wir bei Diamanten von Naturprodukten, die nicht immer makellos sind und daher auch minimale Einschlüsse aufweisen können. Die Imitate hingegen sind meist fehlerlos gearbeitet und wirken dadurch schlicht zu perfekt. Auch bei Zirkonia und Moissanit handelt es sich nicht um natürlich gewachsene Kristalle, sondern um künstlich hergestellte Alternativen aus dem Labor. Mit Billigschmuck haben diese »Fake-Diamanten« nichts zu tun, die Qualität ist hervorragend und für Laien kaum als Fälschung zu erkennen.

Viele Krimi- oder Actionfans versuchen, die Echtheit eines Diamanten ganz nach Hollywood-Manier zu testen, indem sie einen Spiegel oder Fensterglas zerschneiden. Diese Methode ist jedoch nicht zuverlässig, denn auch unechte Diamanten können tiefe Kratzer hinterlassen. Ein Mineral mit höherem Härtegrad ritzt eines mit niedrigerem Härtegrad, so einfach ist das. Der Härtegrad von Mineralien wird dabei auf der sogenannten Mohsschen Härteskala gemessen. Sie reicht von 1 (sehr weich, mit dem Fingernagel schabbar) bis 10 (sehr hart, echter Diamant). Bei Glas schwankt der Härtegrad je nach Art des Glases, bei üblichem Fenster- oder Spiegelglas liegt er bei 5 bis 6. Da Steine aus Zirkonia einen Härtegrad von 7 bis 7,5 aufweisen und Moissanit sogar mit einer 9er-Härte konkurrieren kann, hinterlassen beide sichtbare Kratzer im Glas – genauso wie echte Diamanten. Der Kratztest ist somit untauglich.

Bessere Tests zum Überprüfen von Edelsteinen sind:

Der Nebeltest

Dazu wird die Echtheit des Diamantschmucks mit dem Atem überprüft. Die Kondensation, also die Feuchtigkeit, die sich beim Anhauchen oder Bedampfen mit Wasserdampf auf der Oberfläche bildet, wird bei einem echten Diamanten sofort verdampfen. Bei einem unechten Diamanten dagegen haftet die Kondensationsfeuchte etwas länger an. Nachteil: Bereits eine hauchdünne Öl- oder Fettschicht auf dem Ring kann den Test verfälschen. Er bietet keine 100-prozentige Sicherheit, zudem wird für einen sicheren Vergleich ein falscher und ein echter Diamant benötigt.

Der Lupentest

Dazu braucht es Adleraugen, Fachwissen und eine Lupe. Bei diesem Test schauen wir genau den Schnitt an der Spitze des Diamanten an. Falls dieser kerzengerade geschliffen ist, halten wir einen echten Diamanten in der Hand.

Der Lichttest

Diese Möglichkeit ist leicht und relativ aussagekräftig. Beim Transparenztest legen wir den Diamanten mitten auf einen schwarzen Punkt auf einem weißen Blatt Papier. Wenn die Umrisse des schwarzen Punktes durch den Stein hindurch scharf gezeichnet zu sehen sind, handelt es sich um eine Fälschung. Bei einem echten Exemplar scheint der schwarze Punkt mehr oder weniger mit dem Diamanten zu verschmelzen, da er das Licht so stark bricht, dass man nicht einfach durch ihn hindurchsehen kann.

Der Glanztest

Ein echter Diamant hat einen strahlenden Glanz, der sogar bei schlechten Lichtverhältnissen erkennbar ist. Um dies zu testen, können wir den Diamanten ins Sonnenlicht halten. In einem dunklen Raum tut es ebenso eine Lampe. Sobald das Licht den Diamanten berührt, reflektiert dieser das Licht über

all seine Facetten. Das Ergebnis ist ein wunderbares Funkeln. Ein sehr ähnliches und noch stärkeres Funkeln weist aber Moissanit auf, im Gegensatz zu Diamanten brechen Moissanite das Licht doppelt, der Experte spricht von einer Facettendopplung. Dieses Funkeln ist bunter als beim Diamanten und wirkt unnatürlich lebhaft. Bei Zirkonia funkelt es meist orange bis rötlich. Gerade bei kleinen Steinen und ohne spezielles Testequipment stellt dieser Test aber selbst ausgefuchste Experten auf die Probe und liefert zu Hause meist keine eindeutigen Ergebnisse.

Im Zweifelsfall hilft der Gang zum Juwelier. Dieser kann das Schmuckstück genauer unter die Lupe nehmen und Auskunft über dessen Echtheit geben.

Doch nicht nur die Optik, auch die Fassung gibt Aufschlüsse über die Echtheit der Steine. Wertvolle Steine werden passgenau in das Schmuckstück eingefasst. Günstige Imitate werden stattdessen hineingeklebt. Erkennbar wird die Fassung durch die Rückseite der Schmuckstücke. Um die Steine passgenau einfassen zu können, verfügen die Schmuckstücke über eine Öffnung auf der Rückseite. Bei Steinen, die geklebt werden, ist dies nicht der Fall. Häufig kommt es auch vor, dass die Steine nicht exakt passen oder schnell wieder herausfallen.

Weitere Unterschiede sind bei den Verschlüssen zu erkennen. Während bei echtem Schmuck die Ösen sauber verlötet sind, werden sie bei Modeschmuck meist nur mit der Zange zu gebogen. Zusätzlich verfügt der Modeschmuck über minderwertige Verschlüsse oder Haken.

Die Checkliste im Überblick:

- Bei Gold- und Silberschmuck auf Stempel achten.
- Echter Schmuck wird nicht geklebt.
- Echte Perlen habe eine raue und unebene Oberfläche.
- Modeschmuck weist in der Regel überstehende Metallreste durchs Ausstanzen aus.
- Die Ösen beim Modeschmuck sind meist nicht verlötet oder es sind nur einfache Haken.

Taschenuhren

Sherlock Holmes besitzt eine. Dagobert Duck ebenso. Genau wie das weiße Kaninchen aus »Alice im Wunderland«. Die Rede ist natürlich von der Taschenuhr. Da der kleine runde Zeitmesser im heutigen Alltag kaum mehr eine Rolle spielt, sind die meisten Taschenuhren, die wir irgendwo in einer Trödelkiste finden, tatsächlich auch einiges wert.

Die ältesten Modelle – und somit die kostbarsten – haben einen Schlüsselaufzug und müssen mithilfe eines speziellen Schlüssels aufgezogen werden. Solche Uhren sind meist in der Zeit vor dem 18. Jahrhundert einzuordnen und dementsprechend über 300 Jahre alt. Erst mit der Erfindung des Kronenaufzugs 1838, der auch Remontoir oder Bügelaufzug genannt wird, können die Gold- und Silberuhren einfach mit den Fingern aufgezogen werden. Ein weiterer Vorteil ist zudem die flachere und kompaktere Bauweise gegenüber Modellen mit Schlüsselaufzug.

Es gibt zwei Taschenuhr-Kategorien mit Kronenaufzug:

- Bei den Lépine-Taschenuhren befindet sich die Krone zum Aufziehen und Einstellen der Uhrzeit auf der Höhe von 12 Uhr.

- Bei den Savonnette-Uhren ist die Krone auf 3-Uhr-Höhe angebracht.

Savonnette-Modelle haben ein Gehäuse mit einem Sprungdeckel über dem Uhrglas, der bei Knopfdruck aufspringt. Lépine-Gehäuse haben nicht einen solchen Sprungdeckel.

Zu den bekanntesten Herstellern erlesener Taschenuhren zählen Junghans, Eterna SA, Longines und A. Lange & Söhne. Ebenso Omega und Zenith. Eine original Zenith Mark Taschenuhr von 1900/1909 aus 14-karätigem Gold wird auf knapp 6000 Euro geschätzt. Die wohl teuerste Vertreterin ihrer Art ist zu sagenhaften 19,2 Millionen Euro über die Ladentheke gegangen: Die Henry Graves Supercomplication aus den 1930er-Jahren. Das 536 Gramm schwere Unikat von Patek Philippe ist damit der teuerste jemals versteigerte Zeitmesser überhaupt. Kein Wunder, galt doch das Modell mit seinen 24 Komplikationen lange Zeit als komplizierteste Uhr der Welt.

Alle diese Uhrenmanufakturen haben eines gemeinsam: Sie sind ungefähr Mitte des 19. Jahrhunderts entstanden. Mit dem technologischen Fortschritt gegen Ende der Epoche des Biedermeier und am Anfang des Zeitalters des Historismus begann eine wahre Blütezeit der Taschenuhrherstellung. Sie fand erst mit dem Ersten Weltkrieg ein Ende, da zu Kriegszeiten praktische Aspekte von Armbanduhren gefragter waren als vornehme und ein wenig umständlich zu handhabende Taschenuhren.

Besonders bei antiken Taschenuhren ist das Spielwerk entscheidend für den Wert. Bei den sogenannten Repetitionsuhren können die Spiel- oder Schlagwerke stündlich, viertelstündlich oder sogar minütlich ein akustisches Signal ertönen lassen, das seinen Besitzer über die verstreichende Zeit informiert. Je nach Spielwerk und Modell erklingt jede Stunde oder auf Knopfdruck auch eine bestimmte Melodie. Zudem ist es lohnenswert, bei diesen historischen Zeitmessern auf deren Silber- und Goldgehalte zu achten. Edelste Uhren werden natürlich nur aus besten Materialien gefertigt und so können Angaben zum Feingehalt an Gold sehr aufschlussreich sein, da das Edelmetall nie rein, sondern ausschließlich in sogenannten Legierungen mit anderen Metallen als Werkstoff für die Uhrenfertigung verwendet wird.

Bei älteren Uhren wurde zumeist Nickel verwendet, um einer Weißgoldlegierung ihren hellen Farbton zu verleihen und einen höheren Härtegrad des Materials zu gewährleisten. Dagegen erhalten Rotgold-Legierungen ihre Farbe durch einen höheren Anteil des Metalls Kupfer. Gelbgold verdankt seinen edlen Glanz der Beimischung von Silber und Kupfer. Die Qualität silberner Taschenuhren ist, analog zu vergleichbaren Produkten aus Goldlegierungen, natürlich ebenfalls abhängig vom Feingehalt des verwendeten, stark reflektierenden Edelmetalls. Da Silber intensiv farbgebende Eigenschaften aufweist, ist der Feingehalt von beispielsweise 625er-Silber und 925er-Silber äußerlich so gut wie nicht erkennbar.

Und noch ein Faktor ist ausschlaggebend für den Wert der Taschenuhr: die Epoche! Insbesondere der Historismus (etwa 1820-1850) ist durch die Nachahmung glanzvoller Epochen wie Barock, Renaissance und

Rokoko fast schon ein Garant für edle Materialien, prunkvolle Darstellungen und verspielte Details. Nach der Biedermeier-Zeit, die geprägt war von häuslicher und familiärer Zurückgezogenheit, besannen sich die Zeitgenossen des Historismus wieder auf Kunst und Kultur, was sich eben wieder in den Taschenuhren wiederspiegelt. Für eine Taschenuhr von 1840 dürfen dementsprechend Höchstpreise verlangt werden. Gleiches gilt für die Epoche des Jugendstils, die um die Jahrhundertwende zum 20. Jahrhundert ihre Hochzeit hatte. Taschenuhren dieser Ära sind meist mit idealisierten Frauengestalten, bunten Blütenmotiven oder verschnörkelten Linien versehen.

Unser Tipp bei Taschenuhren: niemals überstürzt (ver-)kaufen. Immer einen Experten befragen.

Gemälde

Es begann mit einem anfangs ärgerlichen Wasserschaden. Im französischen Toulouse mussten die Besitzer daraufhin ihren Verschlag im Dachboden öffnen und stießen per Zufall auf ein altes Gemälde. Ein altes, seltenes und unfassbar wertvolles Gemälde des italienischen Malers Caravaggio (1571-1610) wohlgemerkt. Beim Bild »Judith und Holofernes« handelt es sich um einen »echten« Caravaggio, bestätigte das anschließende Gutachten. Die Familie wohnt seit Mitte des 19. Jahrhunderts in dem Haus, hatte von diesem Schatz auf dem Dachboden keine Ahnung. Völlig verstaubt war das Bild gewesen, der Rahmen hatte ebenso einen Wasserschaden, die Leinwand zum Glück nicht. Nach einer vorsichtigen Schätzung wurde der Kaufwert auf 120 Millionen Euro veranschlagt. Ein Glückspilz, wer so eine Entdeckung macht – solange er das Gemälde nicht für 20 Euro auf dem Flohmarkt verkauft.

Tatsächlich ist es für Laien gar nicht so einfach, den Wert eines Gemäldes zu schätzen. Dennoch gibt es einige Anhaltspunkte, die Hinweise darauf geben können, ob ein Bild wertvoll ist oder nicht. Und wenn sich bei uns jemand mit Gemälden auskennt, dann ist es Mauro. Mit Pinsel, geschultem Auge und einer ruhigen Hand wird jeder »alte Schinken« in der Werkstatt liebevoll restauriert. Nicht nur der Rahmen, sondern auch das Bild an sich. Pinselstrich für Pinselstrich. In stundenlanger Arbeit. Da gehen ganze Nächte drauf. Auch kommt es vor, dass unter dem Gemälde ein älteres, deutlich wertvolleres Bild schlicht übermalt wurde. Dafür kommt unser Ultraschall zum Einsatz und anschließend der Spachtel. Keine Sorge, für den ersten Echtheits-Schnelltest eines Gemäldes braucht es keinen Ultraschall – nur ein bisschen Fachwissen.

Kunstdrucke sind logischerweise weniger wert als tatsächliche Gemälde. Es gilt daher zunächst zu unterscheiden, ob es sich um ein Gemälde oder aber um eine Reproduktion, sprich um einen Druck, handelt. Beachten sollte man in diesem Zusammenhang, dass der Kunstdruck bereits zwischen 1796 und 1798 von Alois Senefelder entwickelt wurde. Nur weil ein Kunstwerk also alt aussieht, muss es sich nicht zwingend um ein gemaltes Bild handeln. Daher zuerst auf die Bildoberfläche achten: Gemälde sind auf einer Leinwand gemalt. Das bedeutet, dass Pinselstriche und Unebenheiten fühlbar sind. Ganz egal, wie dünn die Farben gemischt wurden.

Um herauszufinden, ob bei einem Gemälde echtes Leinen verarbeitet wurde – Hauptkriterium für die Echtheit eines Gemäldes – , hilft der Klopftest. Hört es sich an, als ob man gegen einen Karton klopft? Dann ist es ein Indiz für eine Fälschung. Echtes Leinen ist beim Klopfen nämlich kaum hörbar, es hat keinen Nachhall. Antike Gemälde wurden zudem mit Vierkant-Nägeln (sogenannte Blauköpfe oder Polsternägel) am Rahmen befestigt, die Nägel erkennt man am großen und flachen Kopf. Bei Nägeln aus dem Baumarkt? Stutzig werden! Oft sprechen auch Vergilbungen,

Risse oder eine Patina tatsächlich für das hohe Alter des Bildes. Andererseits kann man diese Alterungserscheinungen mit etwas Geschick ebenso künstlich herstellen

Weiterhin ist es wichtig zu wissen, von wem ein Gemälde stammt. Umso bekannter der Künstler, desto wertvoller ist logischerweise das Bild. Aber: Einen echten Renoir im Keller zu finden, ist so gut wie unmöglich. Alle bekannten Werke der großen Künstler stehen längst im Museum oder sind im Privatbesitz eines Kunstsammlers. Bei etwas unbekannteren Künstlern sieht die Sache anders aus. Hier sind Glückstreffer zwar selten, aber durchaus möglich.

Selbstverständlich hat auch der Zustand eines Bildes Auswirkungen auf den erzielbaren Preis. Ist ein Bild nur stark verschmutzt, kann es leicht restauriert werden. Sind hingegen deutliche Beschädigungen erkennbar (zum Beispiel Risse auf dem Gesicht einer gemalten Figur oder gar ein Loch im Leinen), senkt das den ursprünglichen Wert erheblich.

Die Checkliste im Überblick:

☞ Das berühmte Bild eines renommierten Künstlers wird uns für 200 oder 300 Euro angeboten? Dann ist es mit Sicherheit ein gefälschtes Original beziehungsweise eine Kopie. Zu keiner Zeit werden wir solch ein derartiges Gemälde zu einem so niedrigen Preis ergattern können.

☞ Überprüfe, ob die verwendeten Materialien (wie etwa Vierkantnägel) auch in der Zeit verwendet wurden, in der das Bild angeblich gemalt wurde, oder ob die Materialien nicht eher aus einer neueren Epoche stammen. Auch Risse, die im Farbverlauf im Laufe der Jahre entstanden sind, lassen einen Rückschluss darauf zu, ob das Bild aus der angegebenen Zeit stammen kann oder eher nicht.

☞ Die meisten Künstler hinterlassen entweder auf der Vorderseite oder auf der Rückseite ihres Bildes ihre Unterschrift. Ist so ein Original-Signum nicht vorhanden, empfehlen wir einen Blick in den sogenannten Catalogue raisonné zu werfen. Das ist das kommentierte Werksverzeichnis bekannter Maler, das zugleich eine wertvolle Hilfe für die Erkennung eines originalen Gemäldes darstellt. Vorsicht ist übrigens ebenso geboten, wenn erst gar kein Hinweis auf das Werksverzeichnis vorhanden ist. Aber: Nicht jedes Gemälde ohne Unterschrift ist automatisch eine Fälschung. Allein von Caravaggio sind 65 Werke bekannt, die alle nicht signiert wurden.

☞ Die Werksverzeichnis-Nummer bitte vor dem Kauf eines Bildes explizit überprüfen. Sofern diese Nummerierung mit der im Katalog angegebenen Ziffer nicht vollständig übereinstimmt, handelt es sich bei dem Werk womöglich um eine Kopie.

☞ Die Beschaffenheit der Papiersorte (Klopftest) sowie das häufig enthaltene Wasserzeichen geben ebenso Aufschluss über die Echtheit eines Bildes. Ein altes Gemälde muss allerdings nicht zwingend verblasst sein. Sind für die Fertigung hochwertige Materialien verwendet worden – dies sollte der Händler glaubhaft, zum Beispiel in Form eines Dokuments, bezeugen können –, bleibt die Farbqualität dauerhaft erhalten. Dies liegt daran, dass Künstlerfarben weit mehr Farbpigmente beinhalten, als günstige Produkte.

Dennoch raten wir davon ab, sich bei einem Privatanbieter ein sehr teures Gemälde zu kaufen. Handelt es sich nämlich doch um eine Fälschung, so hat der Käufer keinerlei Regressansprüche. Anders sieht es aus, wenn wir uns an einen Händler wenden. Meist existieren entsprechende schriftliche Nachweise oder Dokumente, die bestätigen, dass es sich um ein Unikat handelt. Diese Dokumente unbedingt aufbewahren! Seriöse Händler veräußern ihre Gemälde zudem stets mit einer

Rechnung. Und: Idealerweise verfügt das Bild über einen sogenannten Schlussfirnis (farblose Schutzschicht), der es vor Staub und Schmutz sowie vor UV-Strahlung schützt.

Antike Möbel

Wer wie wir seinen Kindern regelmäßig Gute-Nacht-Geschichten vorliest, kennt das: In vielen Märchen sind die Protagonisten auf der Suche nach einem verborgenen Schatz. Meist steckt dieser Schatz in einer alten, schweren Truhe, die irgendwo vergraben ist. Ohne Schatzkarte ist man aufgeschmissen. Und falls die Truhe doch entdeckt wird, aber leer ist, weil Piraten den Schatz zuvor geplündert haben, ist die Enttäuschung groß. Muss sie aber nicht. Denn das zeigt nur, dass die Piraten keine Ahnung haben. Den wahren Schatz haben sie nämlich zurückgelassen – die Truhe selbst.

Antike Truhen sind zum Teil ein Vermögen wert. So wurde kürzlich bei einer Kunst- und Antiquitätenbörse eine barocke Truhe aus dem 18. Jahrhundert für 1650 Euro versteigert. Für eine gotische Truhe aus dem 15. Jahrhundert legte ein Sammler 2000 Euro auf den Tisch. Eine gotische Vorstellertruhe aus dem Westfalen des 16. Jahrhunderts, mit aufwendigem Lilienbeschlag verziert, wechselte für 9000 Euro den Besitzer. Andere Möbelstücke haben teils noch einen viel höheren Wert. Ein barocker Kleiderschrank aus Süddeutschland, hergestellt um 1700, wurde beispielsweise auf 12 000 Euro geschätzt. Für einen frühbarocken »Frankfurter Wellenschrank« aus dem 17. Jahrhundert wurden sogar über 25 000 Euro geboten. Allerdings waren all diese Möbel in tadellosem Zustand.

Die meisten Truhen, Schränke oder Kommoden, die wir im Keller oder im hintersten Winkel einer Scheune entdecken, haben jedoch die beste

Zeit hinter sich. Mal sind die Scharniere gebrochen, mal die Schubladen kaputt oder der Lack ist abgeplatzt. Meist lässt sich das Möbelstück aber wieder herausputzen. Doch wann lohnt sich der Aufwand einer solchen Restaurierung? Als Faustregel gilt, dass das Verhältnis von Aufwand und Ertrag stimmen muss. Nicht in jedem Fall aber ist der reine Sachwert entscheidend. Viele Möbelstücke haben unabhängig vom Verkaufswert auch einen ideellen Wert – wenn es sich beispielsweise um Omas geliebten Schaukelstuhl handelt.

Was bei alten Möbeln als Antiquität gilt, ist nicht genau definiert. Juristisch betrachtet gehören alle Möbel dazu, die mehr als 100 Jahre alt sind. Und: Alte Stücke dürfen nur als Original bezeichnet werden, wenn im Laufe der Jahre maximal 30 Prozent des Möbelstücks erneuert worden sind. Antike Möbel wurden zudem als Unikate oder in geringer Stückzahl gefertigt, bei denen die einzelnen Exemplare gewisse Unterschiede aufweisen. Wer ein angepriesenes Sammlerobjekt entdeckt, sollte zunächst im Internet ähnliche Angebote recherchieren. Findet sich eine große Zahl nahezu identischer Objekte, handelt es sich um Nachbauten oder zumindest nicht um Raritäten. Dabei sollte bedacht werden, dass schon vor über 250 Jahren die ersten Möbelhäuser serienmäßig produzierte Kollektionen anboten. Diese nostalgischen Repräsentanten sind Liebhaberstücke, zählen aber nicht zu den hochpreisigen Antiquitäten.

Der zweite Blick sollte sich auf die verwendeten Materialien und den Stil richten. Stimmen die optischen Eigenschaften mit der Epoche überein? Tatsächlich hatte jede Ära ihren eigenen Stil:

Romanik (etwa 1000 bis 1250)

Die Möbel der Romanik waren wie ihre Bauwerke – schwer und massig, in ihrem Zweck dem damaligen handwerklichen Können angepasst. Die Möblierung in dieser Zeit war einfach und bestand im Wesentlichen aus Schemeln, Bänken, Tischen, Stühlen und Betten. Holzverbindungen kannte man in dieser Epoche kaum.

Gotik (etwa 1250 bis 1500)

In der Zeit der Gotik stellte vor allem der Adel und das aufkommende reiche Bürgertum immer höhere Ansprüche an das Leben. Der Beruf des Tischlers wurde etwa um 1100 als Handwerksberuf selbständig und »zünftig«. Die Erfindung der Sägemühle um 1300 brachte dem Tischler eine große Erleichterung, weil ihm jetzt gesägte Bretter/Bohlen zur Verfügung standen. Beim Möbelbau dienten die charakteristischen Spitzbogen als Vorbilder, genau wie die Betonung der Senkrechten. Es sind vergleichsweise hohe Möbel. Die Ornamente wurden als Flach- und Kerbschnitzereien ausgebildet.

Renaissance (etwa 1500 bis 1600)

Typisch für Möbel dieser Zeit ist die Aufteilung der Wand- und Deckenvertäfelung in geometrische Felder. In dieser Zeit wurden die Rahmentäfelung und die Kassettendecke entwickelt. Als Vorbild für die Ornamente dienten dabei vor allem Pflanzen sowie Löwenköpfe, Masken, Muscheln, Schilder und Waffen.

Barock (etwa 1600 bis 1700)

Neu in dieser Epoche des Möbelbaus waren der zweitürige Kleiderschrank, der geeigneter war, die Kleider hängend aufzubewahren, dazu die Kommode und der Konsolentisch. Als Hölzer wurden Nussbaum, Eichenholz sowie Ebenholz verwendet. Von der Renaissance übernahm der Barock das Wuchtige und Schwere der Möbel. Ebenso typisch für die Zeit sind die Kugelfüße bei Schränken und Kommoden. Tische und Stühle erhielten geschweifte Füße. Die Beschläge wurden kostbarer und dienten mehr dem Schmuck als dem Zweck.

Rokokomöbel (etwa 1700 bis 1750)

Die Möbel wurden nun zierlicher und eleganter, auch auf Bequemlichkeit wurde geachtet. Die neue Stilrichtung, vom französischen Hof ausgehend, sorgte dafür, dass Rokokomöbel mit Schmuckelementen regelrecht überladen wurden. So sehr, dass die eigentlichen Konstruktionen nicht mehr erkennbar sind.

Klassizismus (etwa 1750 bis 1850)

Im Möbelbau entwickelten sich während dieser Epoche gleich drei Richtungen. Der Stil Louis-seize (circa 1750 bis 1800), der Empirestil (circa 1800 bis 1830) und der Stil des Biedermeier (circa 1830 bis 1850). Für Laien ist es sehr schwer, Möbel dieser Zeit zuzuordnen. Erst recht, weil in der Zeit des nachfolgenden Historismus (etwa 19. Jahrhundert) viele Stilformen vergangener Epochen übernommen und nachgemacht wurden.

Jugendstil (etwa 1900)

Aus der Ablehnung des Stilwirrwarrs im Historismus wurde der Jugendstil durch schlichte Möbel in geschwungener Linienführung geprägt. Im Jugendstil wurden neue Formen entwickelt, die sich an der Natur orientieren. Opulente Ornamente fehlten fast ganz. Obwohl sich dieser Stil nie wirklich behaupten konnte, ist es ihm zum Teil zu verdanken, dass sich die heutigen Möbel mit ihrer neuen Sachlichkeit und Zweckmäßigkeit durchsetzten.

Wer also ein angeblich echtes Möbelstück aus dem Jahre 1905 angeboten bekommt, das über und über mit aufwendigen Verschnörkelungen und Muscheln verziert ist, sollte besser nachhaken. Das Gleiche gilt für einen Schrank aus der Renaissance mit zwei Türen. Epochen lügen nicht, manche Verkäufer leider schon.

Der dritte Blick gehört dem Zustand des Möbelstücks, den Kanten, Ecken, Malereien, Verzierungen und Sägeflächen. Wenn diese Details allzu perfekt und glatt anmuten, handelt es sich in der Regel um Nachbauten. Bei der reinen Handarbeit vor Jahrhunderten wurden abgerundete Ecken oder Kanten bevorzugt, und es kam zwangsläufig zu Unregelmäßigkeiten. Dass Schrauben, Nägel oder maschinell hergestellte Zapfen bei Antiquitäten nicht anzutreffen sind, versteht sich von selbst. Mehrere Jahrhunderte prägen außerdem ein Möbelstück und hinterlassen deutliche Gebrauchsspuren, die auch bei aufgefrischten Objekten vorhanden sind. Sachkundige Restaurateure distanzieren sich vom tadellosen Eindruck, wenn dadurch das Original verfälscht würde.

Finger weg, wenn alte Möbel mit modernen Materialien wie Polyesterlack oder Weißleim unsachgemäß behandelt wurden. Eine Restaurierung ist in solchen Fällen meist nicht mehr möglich und das Möbelstück so gut wie wertlos. Wurmlöcher sind ebenso ein beliebtes Stilmittel, um Nostalgie vorzutäuschen. Insekten aber fressen sich ihren Weg durchs Holz in eher unregelmäßigen Bahnen und fokussieren sich auch nur selten auf sichtbare Oberflächen. Gerade Wurmlöcher gibt es also nicht.

Zusammengefasst:

- Antike Möbel haben keine scharfen Kanten und Ecken, dagegen meist dicke Furniere.
- Bei Originalen dürfen maximal 30 Prozent erneuert sein.
- Polyesterlack oder Weißleim verraten schlechte Restaurierung.

- Wurmlöcher verlaufen unregelmäßig, gerade Linien sind Fälschungen.

- Antike Möbel weisen Gebrauchsspuren auf, etwa Abnutzungen an den Sitzflächen.

Wer glaubt, auf dem Flohmarkt einen echten Schatz gefunden zu haben, sich aber nicht ganz sicher ist, sollte folgendermaßen vorgehen: entweder einen Experten zurate ziehen, oder, um keinen Verlust zu machen, nur so viel bezahlen, wie die verwendeten Materialien wert sind. Denn Fälscher werden immer geschickter, sodass selbst Menschen, die viel Ahnung von Antiquitäten haben, auf den einen oder anderen Nachbau reinfallen. Um beim Kauf auf der sicheren Seite zu sein, empfehlen wir den Weg zu renommierten Fachmessen für Kunst und Antiquitäten, denn dort werden die Verkäufer vom Veranstalter überprüft.

Wer selbst etwas zu verkaufen hat, sollte nicht minder vorsichtig sein. Wir raten dazu, sich mindestens zwei Angebote einzuholen, bevor man verkauft. Das minimiert das Risiko, teure Stücke unter Wert abzugeben. Viele Händler und Auktionshäuser bieten Wertgutachten an. Diese kosten zwar rund 100 Euro, bieten aber Expertise und eine realistische Einschätzung. Besonderes Interesse wecken Möbel aus der Gründerzeit um 1880. Auch Bauhausmöbel aus den 1920er-Jahren laufen gut. Ebenso gefragt sind kleinere Stücke wie Frisierkommoden oder Tischchen, die sich mit modernem Design kombinieren lassen. Wenig Interesse besteht unserer Erfahrung nach an Möbeln aus den 1940er- bis 1980er-Jahren. Schwer verkäuflich sind zudem große und wuchtige Exemplare, da viele Wohnungen schlicht zu klein für solche Stücke sind.

Tiffany-Lampen & Co

Wer kennt sie nicht, die schwarze Doppelarm-Leuchte, die in keinem Krimi-Verhör fehlen durfte. Auf der einen Seite saß der Kommissar mit einer Zigarre im Mundwinkel, deren Rauch sich wie dichter Nebel unter der Lampe verfing. Auf der anderen Seite des Tisches kauerte der Verdächtige, schwitzend vom hellen Schein der Leuchte, die ihm mitten ins Gesicht gerichtet wurde. Die Schwarz-Weiß-Krimis von damals sind Kult, die Lampen ebenso. Was Kult ist, ist begehrt. Und begehrte Dinge sind teuer.

Die Doppelarm-Leuchten, die einst von Silberschmied Christian Dell entworfen und bis in die späten 1930er-Jahre von der Firma Kaiser-Leuchten produziert wurden, sind heute gut und gerne 1500 Euro wert!

Nicht weniger Kult und deswegen ebenso kostbar sind die Tiffany-Lampen mit ihren gläsernen Lampenschirmen, die seit über 100 Jahren in jedem Raum ein besonderes Highlight setzen. Es sind schöne alte Lampen im antiken Stil. Edle Mahagoni-Möbel, ein Chesterfield-Sofa, ein schicker Kaffeetisch und in der Ecke die prachtvolle Tiffany-Stehlampe. Ja, so stellen wir uns das vor. Und ja, so hat es früher tatsächlich ausgesehen.

» Gut, wenn einem ein Lichtlein aufgeht.
Noch besser, wenn es von Tiffany ist. «

Die »Original Tiffany-Lampen« wurden etwa von 1890 bis 1930 gefertigt. Seit den 1920er-Jahren überschwemmen allerdings auch gut gemachte Imitationen den Markt, daher ist hier das Alter nicht ausschlaggebend für die Echtheit der Lampe. Worauf ist also zu achten?

Tiffany fertigte die Lampenbasis fast immer aus Bronze, in seltenen Fällen aus Porzellan. Nie wurde Holz, Plastik, Messing oder Zink verwendet. Tiffany-Lampen zeichnen sich durch satte Farben und verspielte Motive aus. Dabei handelt es sich häufig um Tiere und Pflanzen. Diese Merkmale sind typisch für den Jugendstil – und damit für die Tiffany-Lampe. Das Glas der Lampenschirme wurde in firmeneigenen Werkstätten in New York gefertigt. Es hat einen eigenen Schimmer und eine spezielle Transluzenz. Lampen in floralem Design und kräftigen Farben sind dabei wertvoller als solche in geometrischem Design. Charakteristisch für Tiffany ist ebenso das Konfettiglas mit verschiedenfarbigen Einschlüssen. Ein weiteres Merkmal ist, dass sich die Glasfarbe beim Einschalten des Lichtes verändert.

Auch der Ursprung der Lampe kann Erkenntnisse bringen: Wenn sich ein Exemplar länger als 60 Jahre in Familienbesitz befand, sind die Chancen höher, dass es sich um eine Original-Tiffany-Lampe handelt. Tiffany-Lampen sind zudem markiert – mit einem Stempel und einer Seriennummer. Oft befindet sich Gleiches auch auf den Lampenschirmen. Als Kennzeichnung der Gläser dienen die Aufschriften »Louis C. Tiffany-Favrile«, »TGC« (Tiffany Glass Company) oder »Louis C. Tiffany« sowie der passende Buchstabe.

Wichtig dabei ist, wo der Buchstabe steht – vor oder nach der Serien-Nummer:

- Die Buchstaben A bis N vor der Seriennummer bedeuten, dass der Gegenstand in der Zeit von 1896 bis 1900 entstand.

- Die Buchstaben P bis Z vor der Seriennummer kennzeichnen die Fertigung zwischen 1901 und 1905.

- Die Buchstaben A bis N nach der Seriennummer belegen eine Fertigstellung zwischen 1906 bis 1912.

- Die Buchstaben P bis Z nach der Seriennummer kennzeichnen die Lampen aus den Jahren 1913 bis 1920.

- Mit dem Buchstaben O sind Sonderanfertigungen gekennzeichnet.

Da Bronze zum Zeitpunkt der Herstellung sehr teuer war, fertigte Tiffany die Lampensockel innen hohl und befüllte den Lampenboden mit Blei, um der Lampe auf Grund des hohen Gewichtes des Lampenschirmes einen besseren Stand zu geben. Der Lampensockel wurde dabei von den Firmen General Electrics, Bryant oder Perkins gefertigt. Auch die Patina ist wichtig, zu blank glänzende Bronze-Sockel sind verdächtig.

Echte Tiffany-Lampen erkennt man zusätzlich an der sehr sauberen Verarbeitung. Die Lötnähte sollten gleichmäßig sein. Schließlich werden für eine Tiffany-Lampe bis zu 400 Teile verwendet, die alle in Handarbeit einzeln miteinander verbunden werden. Beim Klopfen auf den Lampenschirm sollte ein leichtes Klicken hörbar sein. Aufgrund des Alters des Schirmes haben die einzelnen Glasfassungen etwas Spiel und klirren daher. Neue oder nachgemachte Schirme zeigen diese Charakteristik nicht.

Eine Frage allerdings ist noch offengeblieben: Wie viel sind Tiffany-Lampen denn nun eigentlich wert? Kurz gesagt: jede Menge! Der genaue Wert hängt tatsächlich vom Alter, des Buchstabens in der

Serien-Nummer und natürlich von der Nachfrage ab. Die Preise variieren von vierstellig, also 1000 Euro aufwärts, bis hoch in den hohen fünfstelligen Bereich. Die Tiffany-Stehlampe von 1905 im Jugendstil wird beispielsweise mit 48 000 Euro gehandelt, die Pond-Lily-Tischlampe von 1905 sogar mit 65 000 Euro! Die Serie »Green Dragonfly« gibt es dagegen schon ab 1000 Euro. Achtung: Tiffany-Lampen sind nicht das Gleiche wie Leuchten im Tiffany-Stil. Das ist so ähnlich wie beim Wiener Schnitzel und beim Schnitzel Wiener Art – nur dass bei den Lampen der Preisunterschied bei Tausenden von Euros liegen kann.

Noch kein Ende in Sicht

Immer wieder werden wir gefragt, wie lange wir drei den »Trödeltrupp« noch machen wollen? Schließlich haben wir alle Familie zu Hause und dazu unsere eigenen Läden, die ebenfalls jede Menge Aufwand in Anspruch nehmen. Doch in diesem Fall können wir aus voller Trödel-Überzeugung sagen: Es ist noch lange kein Ende in Sicht! Warum? Weil es uns dreien schlichtweg zu großen Spaß macht, um damit aufzuhören. Am Ende jedes Einsatzes, wenn wir die Menschen mit einem dankbaren Lächeln im Gesicht – und hoffentlich mit leeren Kellern und vollen Geldbeuteln – zurücklassen, wissen wir, dass sich all dieser Aufwand lohnt. Und wir wissen, dass wir beim nächsten Einsatz wieder alles geben werden und geben wollen.

Bei diesem, unserem ersten Buch ist das Ende jetzt leider gekommen. Wir haben versucht, jedem Einzelnen etwas mit an die Hand zu geben, um sich im oft verwirrenden Trödel-Dschungel besser zurechtzufinden. Ansonsten ist es wie bei allem im Leben: Übung und Leidenschaft sind die besten

Lehrmeister. So war es auch bei uns. Schließlich haben auch wir drei ganz klein hinter einem unscheinbaren Flohmarkt-Stand angefangen. Ohne Kameras, ohne Knowhow, dafür mit Ehrgeiz und der Lust am Kaufen, Verkaufen und Feilschen.

Also liebe Trödel-Fans, Augen auf bei der Schatzsuche. Denn manchmal liegt das Geld tatsächlich im Keller, auf dem Dachboden, in der Scheune oder in der Garage. Vielleicht birgt sogar der Flohmarkt um die Ecke einen unentdeckten Schatz. Und wer so einen Schatz findet, der trödelt sich reich. Also ... auf die Schätze, fertig, los!

Danke ...

... an die besten Fans der Welt

Ein paar Worte möchten wir noch an unsere Fans richten.. Denn ohne all die Menschen, die Woche für Woche unsere Doku einschalten, gäbe es uns nicht. Ohne Menschen wie Karola und Matze, die unsere Fanseite »Unser Herz schlägt für den RTL II-Trödeltrupp« betreuen, wäre dieser Zusammenhalt nicht möglich. Die über 14 000 Likes, die diese Seite erreicht hat, machen uns stolz. Dass unsere Sendung schon so lange erfolgreich läuft, ist nichts Selbstverständliches. Im Gegenteil: Hätte uns jemand 2009 gesagt , dass der »Trödeltrupp« über einen so langen Zeitraum jede Woche ausgestrahlt würde, hätten wir denjenigen nicht für voll genommen.

Das letzte Wort in diesem Buch gehört darum nicht uns, sondern unseren Fans selbst. Jeden einzelnen dieser großartigen Menschen aufzuzählen, ist leider nicht möglich. Darum Karola und Matze, stellvertretend für alle.

Ladys first. Karola gehört seit 2013 zum »Trödeltrupp«. Das hier ist ihre ganz eigene Trödelgeschichte:

Meine Liebe zum »Trödeltrupp« begann damit, dass ich mir zufällig eine Folge im Fernsehen angesehen hatte. Erst diese eine Sendung, danach jede Woche. Ein Fan der drei Jungs war ich eigentlich seit der ersten Minute. Du kannst auch gar nicht anders, du musst sie einfach mögen. Also fing ich an, auf der Fan-Seite »Unser Herz schlägt für den RTL II-Trödeltrupp« die ersten Kommentare zu schreiben. Ich schrieb, was mir besonders gefiel, freute mich mit den Menschen, denen geholfen wurde, und versuchte, all denen Mut zu machen, die sich über die Facebook-Seite ihren Kummer von der Seele tippten. Obwohl ich als »aktiver Fan« noch ziemlich neu war, fragte mich die vorige Leiterin, ob ich mit ihr zusammen die Fan-Seite leiten würde. Was für eine Frage! Klar, wollte ich. Und so wurde ich erst zum Admin und schließlich stolzer Teil der Trödelfamilie. Nachdem sich die frühere Leiterin aus privaten Gründen zurückzog, holte ich Matze mit ins Boot. Was soll ich sagen: Anfangs waren es 5000 Fans, inzwischen sind es über 14 000 geworden.

Familie ist das richtige Wort. Nicht nur mit Mauro, Sükrü und Otto und dem tollen Team von »Good Times« verstehen wir uns prima, das Besondere ist auch die Herzlichkeit der Fans untereinander. Jeder, der neu ist, wird aufgenommen. Jeder, der sich engagieren will, wird mit eingeplant. So ging es mir selbst. Gleich bei meinem ersten Hilfseinsatz (inzwischen war ich neun Mal mit dabei), wurde ich mit offenen Armen empfangen. Seither versuchen wir bei jeder Sendung, über Fahrgemeinschaften einen Helfer-Einsatz mit zu organisieren.

Ich werde oft gefragt, warum ich mich so stark für den »Trödeltrupp« engagiere. Meine Antwort: Weil es Spaß macht. Punkt. Es ist ein tolles Gefühl, anderen zu helfen. Es ist spannend zu sehen, wie es in einer Fernsehsendung hinter den Kulissen abläuft. Aber der Spaß steht im Vordergrund. Ich habe durch den »Trödeltrupp« viele tolle Menschen kennengelernt, die zu Freunden geworden sind.

Matze gehört seit 2014 zum »Trödeltrupp«. Seine Trödelgeschichte begann mit einem Unfall:

Es war Glück im Unglück. Das Unglück war, dass ich 2009 einen schweren Moped-Unfall hatte und ziemlich lange im Rollstuhl sitzen musste. Als Glück entpuppte sich schließlich der »Trödeltrupp«. Wenn du nicht laufen kannst und an die Couch gefesselt bist, wird der Fernseher sehr schnell zu deinem besten Freund. 2009 ging gerade der »Trödeltrupp« mit der ersten Folge auf Sendung. Ich also: Glotze an und Trödel gucken! Bei mir war es sozusagen Liebe auf den ersten Blick. Ich war sofort von der Hilfsbereitschaft dieser Jungs begeistert, habe die Doku immer weiterverfolgt. Bis heute. Seit ich gemeinsam mit Karola die Fan-Seite betreue, dreht sich in meinem Leben quasi alles um Trödel.

Auch bei meiner Helfer-Tätigkeit spielte das Glück im Unglück wieder eine Rolle. Ich war frisch geschieden, wollte mit meinen Kindern die Pfingstferien verbringen. Doch meine Exfrau und deren neuer Lebensgefährte hatten sich kurzfristig zu einem gemeinsamen Campingurlaub entschlossen und mir damit einen Strich durch die Urlaubs-Rechnung gemacht. Plötzlich stand ich ohne Ziel da. Auf eBay-Kleinanzeigen las ich einen Aufruf für eine »Trödeltrupp«-Helfersuche im österreichischen Mauterndorf. Am nächsten Tag saß ich im Auto nach Österreich auf dem Weg zu meinem ersten Räumkommando. Es war im wahrsten Sinne eine Fahrt ins Blaue, denn ich hatte keine Ahnung, was mich erwartet. Das war 2014. Inzwischen sind daraus knapp 30 Einsätze geworden.

Genau wie Karola werde ich gefragt, warum ich mich in meiner Freizeit ins Auto setze, manchmal Hunderte von Kilometern fahre, um dann den ganzen Tag zu schuften. Mal in der Hitze, mal in der Kälte, mal mit Bauhelm, mal mit Schutzmaske. Und wie bei Karola lautet auch bei mir die Antwort: Weil das Trödeln meine Leidenschaft geworden ist, der »Trödeltrupp« zu meiner Familie, die Vielhelfer-Fans zu echten Freunden. Je öfter jeder von uns als Helfer im Einsatz war, desto persönlicher wurde die Beziehung zu Mauro, Otto und Sükrü. Das geht nicht nur mir so, das geht allen so.

Einzelne Folgen als Highlights zu nennen, ist schwie-

> *rig. Jede Sendung hat ihren eigenen Reiz. Wir hatten schon mit Handgranaten, Pistolen und einem ganzen Haus voller Ratten zu kämpfen. Ich weiß noch genau, wie oft uns Nachbarn mit Kaffee und Kuchen versorgt haben. Dieser Zusammenhalt, dieses Jeder-hilft-jedem-Gefühl gibt es nur beim »Trödeltrupp«.*

»Unser Herz schlägt für den RTL II-Trödeltrupp« mag vielleicht die Facebook-Seite heißen, aber unser Herz schlägt für unsere Fans.

Platz für deine Notizen

Platz für deine Notizen

Platz für deine Notizen

Platz für deine Notizen

Platz für deine Notizen

Platz für deine Notizen

Platz für deine Notizen

Platz für deine Notizen

Bibliografische Information der Deutschen Nationalbibliothek:
Die Deutsche Nationalbibliothek verzeichnet diese Publikation in der Deutschen Nationalbibliografie. Detaillierte bibliografische Daten sind im Internet über http://dnb.d-nb.de abrufbar.

Für Fragen und Anregungen:
info@finanzbuchverlag.de

Originalausgabe, 1. Auflage 2018

Nymphenburger Straße 86
D-80636 München
Tel.: 089 651285-0
Fax: 089 652096

Redaktionelle Mitarbeit: Max Wellinghaus
Lektorat: Sebastian Brück
Korrektorat: Manuela Kahle
Umschlaggestaltung: Marc Fischer
Umschlagabbildung: Hintergrund: Shutterstock/Nella; Foto: © RTL II/Kathrin Kraus; Fotorahmen: © RTL II
Innenlayout: Marc Fischer
Abbildungen im Innenteil: © RTL II, Schallplatten: Shutterstock/Haywiremedia
Fotos im Innenteil: © RTL II / GoodTimes
Satz: ZeroSoft SRL, Timisoara
Druck: Florjancic Tisk d.o.o., Slowenien
Printed in the EU

ISBN Print 978-3-95972-114-1
ISBN E-Book (PDF) 978-3-96092-197-4
ISBN E-Book (EPUB, Mobi) 978-3-96092-198-1